基础会计模拟实训与测试

孙 丽　徐慧娥　魏建明　著

扫码免费看讲解

北 京
冶 金 工 业 出 版 社
2019

内 容 提 要

本书根据新颁布的企业会计准则和国家税收政策编写，考虑到高职高专学生的实际，在编写时以项目驱动为导向，注重实践技能的培养与理论知识的巩固。全书分上下两部分，第一部分为模拟实训，基于会计核算工作流程，分单项及综合模拟实训，设置会计书写规范、建账、填制原始凭证等八个项目，并在单项实训环节配套实操视频，学习者扫一扫即可边学边做，快速入门；第二部分为模拟测试，针对课程理论知识部分，进行分章节及综合的强化训练，以更好地帮助初学者进行理论知识点巩固。

本书可作为高职高专和应用型本科院校经济管理类各专业基础会计课程的实训及习题练习辅导教材，也可供相关人员参考。

图书在版编目(CIP)数据

基础会计模拟实训与测试/孙丽，徐慧娥，魏建明著.—北京：冶金工业出版社，2019.10

ISBN 978-7-5024-8290-9

Ⅰ.①基…　Ⅱ.①孙…　②徐…　③魏…　Ⅲ.①会计学—高等职业教育—教学参考资料　Ⅳ.①F230

中国版本图书馆 CIP 数据核字(2019)第 215183 号

出 版 人　陈玉千
地　　址　北京市东城区嵩祝院北巷 39 号　邮编　100009　电话　(010)64027926
网　　址　www.cnmip.com.cn　电子信箱　yjcbs@cnmip.com.cn
责任编辑　姜晓辉　美术编辑　吕欣童　版式设计　孙跃红
责任校对　卿文春　责任印制　牛晓波
ISBN 978-7-5024-8290-9
冶金工业出版社出版发行；各地新华书店经销；北京建宏印刷有限公司印刷
2019 年 10 月第 1 版，2019 年 10 月第 1 次印刷
169mm×239mm；15.25 印张；295 千字；235 页
54.00 元

冶金工业出版社　投稿电话　(010)64027932　投稿信箱　tougao@cnmip.com.cn
冶金工业出版社营销中心　电话　(010)64044283　传真　(010)64027893
冶金工业出版社天猫旗舰店　yjgycbs.tmall.com

前　言

近年来，随着经济发展及产业转型升级对人才需求结构与标准的变化，我国高等职业教育面临着新的发展机遇与挑战。“十三五”时期是我国高等职业教育改革发展的关键时期，如何深化课堂教学改革，培养符合社会需求的复合型技术技能型人才，是摆在高职教育工作者面前的紧迫任务。

课程和教材建设是推动高等职业教育改革的关键因素。基础会计作为会计专业的必修课，也是经管类其他专业的基础课，开发和建设符合高职学生实际的实践教材对培养学生的职业素养与核心能力具有重要意义。为更好地帮助初学者掌握会计核算实操技能，促进职业素养的养成，加强基础知识巩固，本书在编写过程中采用企业真实案例，结合最新的财税政策，基于会计核算工作流程设置实训项目，单项与综合实训相结合，同时配套网络视频同步教学，实现做中学、做中教。

本书在编写上具有如下特色：

（1）基于“项目引领，任务驱动，教、学、做一体化”进行规划设计。基于会计核算工作流程设置多个实训项目，由单项到综合，培养学生的职业基础能力。

（2）实操案例选取企业典型经济业务，体现最新的财税政策变化。自2019年4月1日起，制造业等行业现行16%的税率降至13%，交通运输业、建筑业等行业现行10%的税率降至9%等。本教材选用的发票均进行了调整，以更好地适应实践操作的需要。

（3）本书在模块设置上分两部分，第一部分为模拟实训，从建账到报表编制设置单项实训模块，在此基础上再进行综合实训，让学生熟悉会计核算的基本流程与核算方法，为后续的会计信息化实务开展打基础；第二部分为模拟测试，分章节设置测试模块，与初级会计师考试课程“初级会计实务”考核知识点难度相当，测试题型多样，主要侧重基础会计理论知识强化。

(4) 课程配套了丰富的慕课教学资源、理论及实操环节的视频学习指导，能帮助初学者边学边做，培养学生的自主学习能力。

本书由衢州职业技术学院孙丽、徐慧娥，浙江民泰商业银行股份有限公司魏建明撰写，具体编写分工为：孙丽编写模拟实训部分项目二、三、四、五、七，模拟测试部分各章节习题；徐慧娥编写模拟实训部分项目八；魏建明编写模拟实训部分项目一、六。

本书在编写过程中参考了许多优秀的教材和论著，得到了浙江省教育厅、衢州职业技术学院的出版资助，是浙江省2016年高等教育课堂教学改革项目“基于微信的翻转课堂在高职《基础会计》实践教学中的应用研究”（项目编号 kg20160843）的阶段性研究成果。

由于编者水平有限，书中的疏漏和不妥之处，恳请读者批评指正。

作　者

2019年6月

目　　录

第一部分　模拟实训

第二部分　模拟测试

第一部分　模拟实训

项目一　会计书写规范实训

扫一扫 跟我学

一、模拟实训的目的

通过本次实训，能规范阿拉伯数字、数字金额及中文大写数字的书写。

二、模拟实训资料

（一）单个阿拉伯数码字书写实训

请在表 1-1 账格中用规范化的阿拉伯数字书写。

表 1-1　单个数码字书写练习

1																													
2																													
3																													
4																													
5																													
6																													
7																													
8																													
9																													
0																													

(二) 数码金额书写实训

请按照表 1-2 中的数字练习没有数位线的小写金额的书写。

表 1-2　练习没有数位线的小写金额的书写

¥725611.93	¥18236.09	¥8426.97	¥79157.09	¥3826.25	¥35186.90

请将下列中文大写金额写成阿拉伯数字金额。

(1) 人民币贰拾捌元伍角柒分　　应写成________

(2) 人民币叁仟贰佰万零肆仟玖佰壹拾捌元整　　应写成________

(3) 人民币叁仟万零玖拾元柒角五分　　应写成________

(4) 人民币壹拾肆万零贰拾叁元整　　应写成________

(5) 人民币壹佰元零叁角捌分　　应写成________

(6) 人民币柒万伍仟伍佰零贰元壹角陆分　　应写成________

(7) 人民币捌仟叁佰元零柒角整　　应写成________

(8) 人民币贰拾伍万零捌佰零陆元零叁分　　应写成________

(9) 人民币壹拾万元整　　应写成________

(10) 人民币玖拾万元零肆分　　应写成________

(三) 中文大写数字书写实训

请按照表 1-3 中的文字分别用楷体和行楷练习中文大写数字的书写。

表 1–3　中文大写数字书写练习

零							零						
壹							壹						
贰							贰						
叁							叁						
肆							肆						
伍							伍						
陆							陆						
柒							柒						
捌							捌						
玖							玖						
拾							拾						
佰							佰						
仟							仟						
万							万						
亿							亿						
元							元						
角							角						
分							分						
整							整						

请将下列阿拉伯数字金额写成中文大写金额。

(1)　¥18503.34　　应写成______________________

(2)　¥170000.00　　应写成______________________

(3)　¥520.90　　应写成______________________

(4)　¥1000090.14　　应写成______________________

(5)　¥50204.02　　应写成______________________

(6)　¥109080.32　　应写成______________________

(7)　¥302011.08　　应写成______________________

(8)　¥40002.50　　应写成______________________

(9)　¥96002000.00　　应写成______________________

(10)　¥25211.58　　应写成______________________

三、模拟实训任务

(1) 根据实训资料（一）练习单个数码字书写；

(2) 根据实训资料（二）练习数码金额书写；

(3) 根据实训资料（三）中文大写数字及中文大写金额书写。

项目二　建　　账

扫一扫 跟我学

一、模拟实训的目的

通过本次实训，能规范启用账簿；并能熟悉账页类型，正确选择并设置总分类账、日记账和明细账。

二、模拟实训资料

（一）模拟企业基本信息

1. 公司名称：江山 HD 板材有限公司

企业性质：有限责任公司制，增值税一般纳税人，适用增值税税率 13%

纳税人识别号：9133308223502038××××

法人代表：王×飞

经营地址及电话：江山市经济开发区兴业路 88×号，0570-4331×××

开户行及账号：工×银行兴业路办事处，账号为 330019005603550××××

银行预留印鉴：

2. 企业生产工艺流程

该企业生产用主要原材料为生铁和圆钢。最终产成品为 S01 板材和 C02 板材，下设一个生产车间，单步骤大量生产两种产品。

3. 材料及产成品核算程序

原材料及产成品的收发均采用实际成本法计价核算，发出材料及产成品的实际单位成本按照全月一次加权平均法计算。

（二）企业余额资料统计

江山 HD 板材有限公司 2×20 年 6 月份期初余额资料如表 2-1～表 2-3 所示。

表 2-1　账户余额表　　（元）

总分类账户	明细分类账户	借方金额	贷方金额
资产类			
库存现金		4800.00	
银行存款	×行兴业支行	700200.00	
交易性金融资产	成本	80000.00	
应收票据	NF 机电公司	73000.00	
应收账款		500000.00	
	GD 机床公司	350000.00	
	MC 机械厂	80000.00	
	HF 板材经销公司	70000.00	
其他应收款	李×云	5000.00	
	王×浩	3000.00	
在途物资	生铁	150000.00	
原材料		490800.00	
	生铁	240800.00	
	圆钢	250000.00	
库存商品		903200.00	
	S01 板材	300000.00	
	C02 板材	603200.00	
生产成本		110000.00	
	C02 板材	110000.00	
固定资产		1196000.00	
累计折旧			340000.00
负债类			
短期借款	×行兴业支行		500000.00
应付账款			160000.00
	DL 商贸公司		50000.00
	YT 钢铁公司		110000.00
应付职工薪酬	工资		45000.00
预收账款	HX 机床经销公司		60000.00
其他应付款	存入保证金		2600.00
应付利息			2400.00
长期借款	×行兴业支行		300000.00

续表 2-1

总分类账户	明细分类账户	借方金额	贷方金额
所有者权益			
实收资本			2000000.00
资本公积	资本溢价		300000.00
盈余公积	法定盈余公积		220000.00
利润分配	未分配利润		286000.00
合计		4216000.00	4216000.00

表 2-2 “原材料”明细账户期初余额

材料名称	结存数量/吨	单价/元	结存金额/元
生铁	70	3440.00	240800.00
圆钢	50	5000.00	250000.00

表 2-3 “库存商品”明细账户期初余额

商品名称	结存数量/吨	单位成本/元	结存金额/元
S01 板材	60	5000.00	300000.00
C02 板材	100	6032.00	603200.00

表 2-4 “生产成本”明细账户期初余额　（元）

成本项目	合计	直接材料	直接人工	制造费用
C02 板材	110000.00	71000.00	31000.00	9000.00

三、模拟实训任务

根据实训资料表 2-1 开设总分类账，根据表 2-1 开设库存现金及银行存款日记账，根据表 2-1、表 2-2、表 2-3、表 2-4 开设明细账。其中，存货类如“原材料”“库存商品”等选择数量金额式明细账，成本费用类如“生产成本”等开设多栏明细账。

项目三　原始凭证填制

任务一　常见原始凭证填制

扫一扫 跟我学

一、模拟实训目的

通过本次实训，使学生掌握典型外来及自制原始凭证填制的基本内容与方法，并根据经济业务正确规范填制原始凭证。

二、模拟实训资料

（一）增值税专用发票填写

2×20 年 8 月 10 日，RZ 公司（纳税人识别号：911038876556××××，地址和电话：江州市仁德路 12×号，8787588，开户行及账号：×行仁德路办事处 4533478898××××）向台州 YL 公司（纳税人识别号：9110341158893××××，地址和电话：江州市经济开发区 12 号，8799×××，开户行及账号：×行开发区支行 6238190050222××××）销售甲产品 20 件，开出增值税专用发票，单价 8000 元，增值税税率 13%，款未收。

江州增值税专用发票

530002667832　　　　全国统一发票监制章 江州 国家税务总局监制　　　　№ 00765843

此联不作报销、扣税凭证使用　　　　开票日期：　年　月　日

××函[2018]340号××东港安全印刷有限公司

购买方	名　　称： 纳税人识别号： 地 址、电 话： 开户行及帐号：					密码区		
货物或应税劳务、服务名称 合　计	规格型号	单位	数量	单　价	金　额		税率	税　额
价税合计（大写）					（小写）			
销售方	名　　称： 纳税人识别号： 地 址、电 话： 开户行及帐号：					备注		

第一联：记账联　销售方记账凭证

收款人：　　复核：　　开票人：　　销货方：（章）

（二）银行结算票据填写

1. 支票填写

（1）2×20 年 8 月 1 日，RZ 公司开出现金支票，提现 3000 元备用。

中国工×银行
现金支票存根　（江）

22304520

科　　目 ________

对方科目 ________

出票日期　年　月　日

收款人:	
金　额:	
用　途:	

单位主管　　会计

本支票付款期限十天

中国工×银行　现金支票（江）　　22304520

出票日期(大写)　　年　　月　　日　　付款行名称:

收款人:　　出票人帐号:

人民币（大写）	亿	千	百	十	万	千	百	十	元	角	分

用途________

上列款项请从

我帐户内支付

出票人签章

科目(借)........................

对方科目(贷)........................

付讫日期　年　月　日

出纳　　复核　　记帐

贴对号单处　　22304520

（2）2×20 年 8 月 13 日，RZ 公司开出转账支票，金额 1980 元，从大成公司购买办公用品。

中国工×银行
转账支票存根　（江）

23856780

科　　目 ________

对方科目 ________

出票日期　年　月　日

收款人:	
金　额:	
用　途:	

单位主管　　会计

××北华印制公司2005年印制

本支票付款期限十天

中国工×银行　转帐支票（江）　　23856780

出票日期(大写)　　年　　月　　日　　付款行名称:

收款人:　　出票人帐号:

人民币（大写）	亿	千	百	十	万	千	百	十	元	角	分

用途________

上列款项请从

我帐户内支付

出票人签章

科目(借)........................

对方科目(贷)........................

转帐日期　年　月　日

复核　　记帐

2. 银行进账单填写

2×20 年 8 月 25 日，RZ 公司收 YL 公司（纳税人识别号：9110341158893××××，地址和电话：江州市经济开发区 12 号，8799×××，开户行及账号：×行开发区支行 6238190050222××××）支票，归还 8 月 10 日的前欠货款，填写进账单，办理入账。

中国工× 银 行 进 账 单　（回　单）　**1**

年　　月　　日　　　XV 12337655

付款人	全　称		收款人	全　称	
	账　号			账　号	
	开户银行			开户银行	
金额	人民币（大写）		亿 千 百 十 万 千 百 十 元 角 分		
票据种类		票据张数			
票据号码					
	复核　　记账		（交银行后视为已盖章）　开户银行盖章		

此联是开户银行交给持（出）票人的回单

3. 银行承兑汇票填写

12月18日，RZ公司从红星公司（开户行及账号：×行阜成路办事处457789887××××）购进材料一批，价税合计款40000元，签发一张期限为3个月的银行承兑汇票。

银行承兑汇票

签发日期　　年　　月　　日　　　汇票号码：568236

<table>
<tr><td rowspan="3">付款人</td><td>全　称</td><td colspan="2"></td><td rowspan="3">收款人</td><td>全　称</td><td colspan="3"></td></tr>
<tr><td>账　号
或地址</td><td colspan="2"></td><td>账　号
或地址</td><td colspan="3"></td></tr>
<tr><td>开户银行</td><td colspan="2"></td><td>开户银行</td><td></td><td>行号</td><td></td></tr>
<tr><td rowspan="2">汇票
金额</td><td rowspan="2">人民币
（大写）</td><td colspan="5" rowspan="2"></td><td colspan="2">千 百 十 万 千 百 十 元 角 分</td></tr>
<tr><td colspan="2"></td></tr>
<tr><td colspan="2">汇票到期日（大写）</td><td colspan="5"></td><td>交易合
同号码</td><td></td></tr>
<tr><td colspan="3">本汇票请你行承兑，到期无条件支付票款

出票人盖章</td><td colspan="4">本汇票已经承兑，到期日由本行付款。

承兑人签章：
承兑日期：　年　月　日</td><td colspan="2">复核　　　记账</td></tr>
</table>

（三）发料凭证汇总表填写

RZ公司2×20年8月相关领料凭证如下，填写发料凭证汇总表。

限额领料单

领料部门：一车间　　　开票日期：　　2×20年8月　　　NO：

发料仓库：一号库　　　生产任务单号：　　　用途：甲产品

材料编号	材料名称	规格	计量单位	计划投产量	单位消耗定额	领用限额	实发		
							数量	单价	金额
1001	生铁		吨			80	60	6000	
日期	数量	领料人	发料人	数量	退料人	收料人	限额结余数量		
8.2	30	王×宗							
8.10	10	王×宗							
8.18	20	王×宗							

供销部门：　　　生产计划部门：　　　仓库：王×

限额领料单

领料部门：二车间　　开票日期：　2×20 年 8 月　　NO：
发料仓库：二仓库　　生产任务单号：　　用途：乙产品

材料编号	材料名称	规格	计量单位	计划投产量	单位消耗定额	领用限额	实发		
							数量	单价	金额
1002	钢板		吨			50	50	7000	
日期	数量	领料人	发料人	数量	退料人	收料人	限额结余数量		
8.10	10	李×明							
8.18	30	李×明							
8.23	10	李×明							

供销部门：　　生产计划部门：　　仓库：王×

领　料　单

领料部门：二车间　　开票日期：　2×20 年 8 月 2 日

规格	材料名称	编号	单位	数量		价格	
				请领数量	实发数量	单价	金额
	煤炭		吨	10	10	2000	20000.00
用途	生产乙产品			领料部门		发料部门	
				负责人	领料人	核准人	发料人

仓库记账后转会计部

采购人：　检验员：　记账员：　保管员：

领　料　单

领料部门：一车间　　开票日期：　2×20 年 8 月 2 日

规格	材料名称	编号	单位	数量		价格	
				请领数量	实发数量	单价	金额
	煤炭		吨	8	8	2000	16000.00
用途	生产甲产品			领料部门		发料部门	
				负责人	领料人	核准人	发料人

仓库记账后转会计部

采购人：　检验员：　记账员：　保管员：

领　料　单

领料部门：一车间　　　　　　　　开票日期：2×20年8月5日

规格	材料名称	编号	单位	数量		价格	
				请领数量	实发数量	单价	金额
	三角皮带		条	4	4	300	1200.00
用途		维修设备		领料部门		发料部门	
				负责人	领料人	核准人	发料人

仓库记账后转会计部

采购人：　　　　检验员：　　　　记账员：　　　　保管员：

领　料　单

领料部门：一车间　　　　　　　　开票日期：2×20年8月13日

规格	材料名称	编号	单位	数量		价格	
				请领数量	实发数量	单价	金额
	劳保用品		件	30	30	50	1500.00
用途		生产甲产品		领料部门		发料部门	
				负责人	领料人	核准人	发料人

仓库记账后转会计部

采购人：　　　　检验员：　　　　记账员：　　　　保管员：

领　料　单

领料部门：二车间　　　　　　　　开票日期：2×20年8月13日

规格	材料名称	编号	单位	数量		价格	
				请领数量	实发数量	单价	金额
	劳保用品		件	20	20	50	1000.00
用途		生产乙产品		领料部门		发料部门	
				负责人	领料人	核准人	发料人

仓库记账后转会计部

采购人：　　　　检验员：　　　　记账员：　　　　保管员：

领　料　单

领料部门：生产部　　　　　开票日期：2×20年8月20日

<table>
<tr><td rowspan="2">规格</td><td rowspan="2">材料名称</td><td rowspan="2">编号</td><td rowspan="2">单位</td><td colspan="2">数量</td><td colspan="2">价格</td></tr>
<tr><td>请领数量</td><td>实发数量</td><td>单价</td><td>金额</td></tr>
<tr><td></td><td>劳保用品</td><td></td><td>件</td><td>10</td><td>10</td><td>50</td><td>500.00</td></tr>
<tr><td rowspan="3">用途</td><td rowspan="3" colspan="2">车间用</td><td colspan="2">领料部门</td><td colspan="3">发料部门</td></tr>
<tr><td>负责人</td><td>领料人</td><td>核准人</td><td colspan="2">发料人</td></tr>
<tr><td></td><td></td><td></td><td colspan="2"></td></tr>
</table>

仓库记账后转会计部

采购人：　　　检验员：　　　记账员：　　　保管员：

领　料　单

领料部门：总务科　　　　　开票日期：2×20年8月23日

<table>
<tr><td rowspan="2">规格</td><td rowspan="2">材料名称</td><td rowspan="2">编号</td><td rowspan="2">单位</td><td colspan="2">数量</td><td colspan="2">价格</td></tr>
<tr><td>请领数量</td><td>实发数量</td><td>单价</td><td>金额</td></tr>
<tr><td></td><td>劳保用品</td><td></td><td>件</td><td>8</td><td>8</td><td>50</td><td>400.00</td></tr>
<tr><td rowspan="3">用途</td><td rowspan="3" colspan="2">劳保用</td><td colspan="2">领料部门</td><td colspan="3">发料部门</td></tr>
<tr><td>负责人</td><td>领料人</td><td>核准人</td><td colspan="2">发料人</td></tr>
<tr><td></td><td></td><td></td><td colspan="2"></td></tr>
</table>

仓库记账后转会计部

采购人：　　　检验员：　　　记账员：　　　保管员：

发料凭证汇总表

年　　月　　日

<table>
<tr><td colspan="2">用途
材料名称</td><td></td><td></td><td></td><td></td><td>合计</td></tr>
<tr><td rowspan="4">原材料</td><td>生铁</td><td></td><td></td><td></td><td></td><td></td></tr>
<tr><td>钢板</td><td></td><td></td><td></td><td></td><td></td></tr>
<tr><td>煤炭</td><td></td><td></td><td></td><td></td><td></td></tr>
<tr><td>三角皮带</td><td></td><td></td><td></td><td></td><td></td></tr>
<tr><td>周转材料</td><td>劳保用品</td><td></td><td></td><td></td><td></td><td></td></tr>
<tr><td colspan="2">合计</td><td></td><td></td><td></td><td></td><td></td></tr>
</table>

三、模拟实训任务

（1）根据实训资料（一）填写增值税专用发票；

（2）根据实训资料（二）填写支票、银行进账单及银行承兑汇票；

（3）根据实训资料（三）填写发料凭证汇总表。

扫一扫 跟我学

任务二　原始凭证填制综合业务

一、模拟实训目的

通过本次实训，使学生掌握原始凭证填制的基本内容与方法，并根据经济业务正确规范填制原始凭证。

二、模拟实训资料

江山 HD 板材有限公司 2×20 年 6 月 1～10 日发生的经济业务及相关原始凭证如下：

（1）1 日，向福州 FL 板材有限公司（纳税人识别号 9110341150320381××××，地址和电话：××市经济开发区大成路 12 号，0591-3076×××，开户行及账号：×行大成路办事处 623819005343550××××）销售 S01 板材 20 吨，单价 6750 元，款项存银行。（提示：填写增值税专用发票、进账单）

浙江增值税专用发票

浙江　国家税务总局监制

430002057233　　　　№ 00016110

此联不作报销、扣税凭证使用　　开票日期：　年　月　日

××函[2018]340号　××东港安全印刷有限公司

购买方	名　　称： 纳税人识别号： 地 址、电 话： 开户行及帐号：				密码区		
货物或应税劳务、服务名称	规格型号	单位	数量	单　价	金　额	税率	税　额
合　计							
价税合计（大写）					（小写）		
销售方	名　　称： 纳税人识别号： 地 址、电 话： 开户行及帐号：				备注		

收款人：　　复核：　　开票人：　　销货方：（章）

第一联：记账联　销售方记账凭证

中国工×银行进账单　（回　单）　1

年　月　日　　XV 12247667

付款人	全　称		收款人	全　称	
	账　号			账　号	
	开户银行			开户银行	
金额	人民币（大写）				亿 千 百 十 万 千 百 十 元 角 分
票据种类		票据张数			
票据号码					
复核　　记账			（交银行后视为已盖章） 开户银行盖章		

此联是开户银行交给持（出）票人的回单

产品出库单

2×20 年 6 月 1 日　　　　　　　　　　仓库：1号库

成品名称规格	计量单位	出库数量	单价	金额
S01板材	吨	20		

主管：　　　　　　　　　　记账：　　　　　　　　　　保管员：　颜林

（2）6月1日，与KH机械制造有限公司（纳税人识别号：913569986773××××，开户行及账号：352376839872234××××，地址和电话：上海市徐汇路37×号，88795×××）签订设备租赁合同，将生产车间使用车床出租，开具增值税专用发票，本月租金收入3000元，增值税销项税额390元，价税款存入银行。（提示：填写增值税专用发票、进账单）

设备租赁合同（精简版）

合同编号：X14069

依据《合同法》及有关法律法规，租赁双方就车床租赁事宜协商一致，订立本合同。

第一条　出租设备情况　　名称：车床01；数量1台。

第二条　租赁期限　　设备租赁期限为6个月，即自2×20年6月1日至2×20年12月1日。

第三条　租金、押金及交付方式

1.设备租赁价格：每月租金3000元（不含税），人民币大写贰仟元整。

2.乙方决定租用此设备后，应向甲方支付人民币柒万元整（¥50 000元）作为押金，方可提取该设备。租赁期满，甲方扣除应付租赁物资缺损赔偿金后的押金余额退还承租方。

3.支付方式：租金按月支付，每月1日为付款日，押金合同签订后5天内一次性支付。

4.租赁物交付的时间、地点、方式及验收：出租人在合同签订地点将租赁物交给承租人，承租人开机实地实物验收，承租人签订本合同表示对该租赁物已验收。

三、注意事项

1.租赁设备的所有权：租赁设备的所有权属于出租方，承租方对租赁设备只享有租赁期间的使用权。

2.乙方在租用期间不得转租，不能中途退租，也不得以任何理由对设备进行抵押；乙方不能擅自拆改设备，必须妥善正确使用，确保设备完好无损，否则造成的一切损失由乙方承担。

3.其他（略）

在履行过程中发生争议，由双方当事人协商解决；本合同一式两份，由甲乙双方各执一份，合同自双方签字日起生效。

出租人：江山HD板材有限公司　　　　　　承租人：KH机械制造有限公司

法人代表：王×飞　　　　　　　　　　　法人代表：宋×林

签订日期：2×20年6月1日　　　　　　　签订日期：2×20年6月1日

浙江增值税专用发票

430002057233　　　（全国统一发票监制章 浙江 国家税务总局监制）　　　№ 00016111

此联不作报销、扣税凭证使用　　　开票日期：　年　月　日

××函[2018]340号 ××东港安全印刷有限公司

购买方	名　　称： 纳税人识别号： 地 址、电 话： 开户行及帐号：					密码区		
货物或应税劳务、服务名称 合　　计	规格型号	单位	数量	单　价	金　额		税率	税　额
价税合计（大写）					（小写）			
销售方	名　　称： 纳税人识别号： 地 址、电 话： 开户行及帐号：					备注		

收款人：　　　复核：　　　开票人：　　　销货方：（章）

第一联：记账联　销售方记账凭证

中国工×银行进账单（回　单）　1

年　月　日　　　XV 12247672

付款人	全　称		收款人	全　称	
	账　号			账　号	
	开户银行			开户银行	
金额	人民币（大写）		亿 千 百 十 万 千 百 十 元 角 分		
票据种类		票据张数			
票据号码					
复核　记账			（交银行后视为已盖章） 开户银行盖章		

此联是开户银行交给持（出）票人的回单

（3）2日，开出现金支票，提现2000元备用。

中国工×银行 现金支票存根（浙）

22304518

科　目＿＿＿＿＿

对方科目＿＿＿＿＿

出票日期　年　月　日

收款人：
金　额：
用　途：

单位主管　　会计

中国工×银行 现金支票（浙）　22304518

出票日期(大写)　　年　月　日　　付款行名称：

收款人：　　出票人帐号：

本支票付款期限十天

人 民 币（大写）		亿 千 百 十 万 千 百 十 元 角 分

用途＿＿＿＿

上列款项请从

我帐户内支付

出票人签章

科目(借)……………

对方科目(贷)……………

付讫日期　年　月　日

出纳　　复核　　记帐

贴对号单处　　22304518

（4）3 日，上月从 YT 钢铁公司购入的生铁 150000 元到货，验收入库（发票记载购入数量 42 吨，单价 3450 元，另分摊运杂费 5100 元，入一号库）。（提示：填写收料单）。

收　料　单

供应单位：　　　　　　　　　　　　　　　　　　　　编号：

发票号码：　　　　　　　　年　　月　　日　　　　　仓库：

<table>
<tr><td rowspan="3">规格</td><td rowspan="3">材料名称</td><td rowspan="3">编号</td><td colspan="2">数　量</td><td colspan="14">实际价格（元）</td></tr>
<tr><td rowspan="2">应收</td><td rowspan="2">实收</td><td rowspan="2">单位</td><td rowspan="2">单价</td><td rowspan="2">发票金额</td><td rowspan="2">运杂费</td><td colspan="10">合　计</td></tr>
<tr><td>千</td><td>百</td><td>十</td><td>万</td><td>千</td><td>百</td><td>十</td><td>元</td><td>角</td><td>分</td></tr>
<tr><td></td><td></td><td></td><td></td><td></td><td></td><td></td><td></td><td></td><td></td><td></td><td></td><td></td><td></td><td></td><td></td><td></td><td></td><td></td></tr>
<tr><td colspan="2"></td><td colspan="2"></td><td></td><td colspan="2"></td><td colspan="2"></td><td colspan="10"></td></tr>
<tr><td colspan="2"></td><td colspan="5"></td><td colspan="2"></td><td colspan="10"></td></tr>
</table>

第二联：会计部门

采购人：　　　　检验员：　　　　记账员：　　　　保管员：

（5）3 日，生产车间领用生铁 30 吨、圆钢 10 吨用于 S01 板材生产，领用圆钢 20 吨用于 C02 板材生产，领用圆钢 2 吨用于车间一般消耗生产。（提示：填写领料单 4 张）。

领　料　单

领料部门：　　　　　　　　　领用日期：　　年　　月　　日

<table>
<tr><td rowspan="2">规格</td><td rowspan="2">材料名称</td><td rowspan="2">编号</td><td rowspan="2">单位</td><td rowspan="2">请领数量</td><td rowspan="2" colspan="2">实发数量</td><td colspan="3">实际价格</td></tr>
<tr><td colspan="2">单价</td><td>金额</td></tr>
<tr><td></td><td></td><td></td><td></td><td></td><td colspan="2"></td><td colspan="2"></td><td></td></tr>
<tr><td colspan="2" rowspan="3">用途</td><td colspan="3" rowspan="3"></td><td colspan="3">领料部门</td><td colspan="2">发料部门</td></tr>
<tr><td colspan="2">负责人</td><td colspan="2">领料人</td><td>核准人</td><td>发料人</td></tr>
<tr><td colspan="2"></td><td colspan="2"></td><td></td><td></td></tr>
</table>

仓库记账后转会计部

采购人：　　　　检验员：　　　　记账员：　　　　保管员：

领 料 单

领料部门: 领用日期: 年 月 日

<table>
<tr><td rowspan="2">规格</td><td rowspan="2">材料名称</td><td rowspan="2">编号</td><td rowspan="2">单位</td><td rowspan="2" colspan="2">请领数量</td><td rowspan="2" colspan="2">实发数量</td><td colspan="3">实际价格</td></tr>
<tr><td>单价</td><td colspan="2">金额</td></tr>
<tr><td></td><td></td><td></td><td></td><td colspan="2"></td><td colspan="2"></td><td></td><td colspan="2"></td></tr>
<tr><td rowspan="3" colspan="2">用途</td><td rowspan="3" colspan="3"></td><td colspan="4">领料部门</td><td colspan="2">发料部门</td></tr>
<tr><td colspan="2">负责人</td><td colspan="2">领料人</td><td>核准人</td><td>发料人</td></tr>
<tr><td colspan="2"></td><td colspan="2"></td><td></td><td></td></tr>
</table>

仓库记账后转会计部

采购人: 检验员: 记账员: 保管员:

领 料 单

领料部门: 领用日期: 年 月 日

<table>
<tr><td rowspan="2">规格</td><td rowspan="2">材料名称</td><td rowspan="2">编号</td><td rowspan="2">单位</td><td rowspan="2" colspan="2">请领数量</td><td rowspan="2" colspan="2">实发数量</td><td colspan="3">实际价格</td></tr>
<tr><td>单价</td><td colspan="2">金额</td></tr>
<tr><td></td><td></td><td></td><td></td><td colspan="2"></td><td colspan="2"></td><td></td><td colspan="2"></td></tr>
<tr><td rowspan="3" colspan="2">用途</td><td rowspan="3" colspan="3"></td><td colspan="4">领料部门</td><td colspan="2">发料部门</td></tr>
<tr><td colspan="2">负责人</td><td colspan="2">领料人</td><td>核准人</td><td>发料人</td></tr>
<tr><td colspan="2"></td><td colspan="2"></td><td></td><td></td></tr>
</table>

仓库记账后转会计部

采购人: 检验员: 记账员: 保管员:

领 料 单

领料部门: 领用日期: 年 月 日

<table>
<tr><td rowspan="2">规格</td><td rowspan="2">材料名称</td><td rowspan="2">编号</td><td rowspan="2">单位</td><td rowspan="2" colspan="2">请领数量</td><td rowspan="2" colspan="2">实发数量</td><td colspan="3">实际价格</td></tr>
<tr><td>单价</td><td colspan="2">金额</td></tr>
<tr><td></td><td></td><td></td><td></td><td colspan="2"></td><td colspan="2"></td><td></td><td colspan="2"></td></tr>
<tr><td rowspan="3" colspan="2">用途</td><td rowspan="3" colspan="3"></td><td colspan="4">领料部门</td><td colspan="2">发料部门</td></tr>
<tr><td colspan="2">负责人</td><td colspan="2">领料人</td><td>核准人</td><td>发料人</td></tr>
<tr><td colspan="2"></td><td colspan="2"></td><td></td><td></td></tr>
</table>

仓库记账后转会计部

采购人: 检验员: 记账员: 保管员:

（6）3日，开出转账支票，支付财产保险费5300元。（提示：填写转账支票）。

中国工×银行 转账支票存根（浙）

55678830

××光华印制公司2003年印制

科　目 ________

对方科目 ________

出票日期　年　月　日

收款人：	
金　额：	
用　途：	

单位主管　　会计

中国工×银行 转帐支票（浙）　　55678830

本支票付款期限十天

出票日期(大写)　　年　　月　　日　　付款行名称：

收款人：　　出票人帐号：

人民币（大写）	亿	千	百	十	万	千	百	十	元	角	分

用途________　　科目(借)..........

上列款项请从　　对方科目(贷)..........

我帐户内支付　　转帐日期　年　月　日

出票人签章　　复核　　记帐

浙江增值税专用发票

030455056325　　（全国统一发票监制章 浙江 国家税务总局监制）　　№ 06751668

发票联

开票日期：2×20年6月3日

××函[2018]340号　××东港安全印刷有限公司

购买方	名称：江山HD板材有限公司 纳税人识别号：9133308223502037×××× 地址、电话：江山市经济开发区兴业路88×号 05704331××× 开户行及帐号：×行兴业路办事处330019005603550××××	密码区	2455−1<9−7−615777848<032/52 >9/29522−49741626<8−30246879 >82906−24234521728−47−6<432 >2*−/>*>7/5924*811+18768311

货物或应税劳务、服务名称	规格型号	单位	数量	单价	金额	税率	税额
财产保险		份	1	5000.00	5000.00	6%	300.00
合　计					¥5000.00		¥300.00
价税合计（大写）	⊗伍仟叁佰元整				（小写）¥5300.00		

销售方	名称：中国TPY保险股份公司 纳税人识别号：9106337985×××× 地址、电话：江山市建安路22×号 05703076××× 开户行及帐号：×行建安支行33457899××××	备注	（中国TPY保险股份公司 9106337985×××× 发票专用章）

收款人：王×　　复核：郑×　　开票人：朱×　　销售方：（章）

第三联：发票联　购买方记账凭证

（7）5日，采购科科长王×浩出差归来，报销差旅费，余款退回（出差地：广州，时间2×20.6.2～6.4共三天，事由：采购材料，往返火车票均为500元，住宿费2晚，实行包干报销每晚300元，伙食补助每天100元，市内交通补助每天80元，附件略）。（提示：填写差旅费报销单、收据）。

差旅费报销单

部门名称：　　　　　　　　　填报日期：　年　　　月　　　日

姓名			职级		出差事由					备注
日期		起止地点		飞机、车、船票		其他费用				
月	日	起	止	类别	金额	项目		标准	计算天数	核报金额
						住宿费	包干报销			
							限额报销			
						伙食补助费				
						市内交通补助费				
						其他杂支				
小计						小计				
总计金额						预支______核销______退款______				

主管：高×　　　　部门：　　　　审核：　　　　填报人：

收据

年　　　月　　　日　　　　　　第 23 号

今收到											
人民币（大写）：				十	万	千	百	十	元	角	分
事由：				现金							
				支票　　　号							
收款单位		财务负责人		收款人							

第三联　记账联

（8）6月5日，收KH机械制造有限公司设备押金收入50000元，存入银行，开出收款收据。（提示：填写收款收据）。

中国工×银行进账单（收账通知）　3

填制日期：2×20年6月5日　　　　第070811号

付款人	全　称	KH机械制造有限公司			收款人	全　称	江山HD板材有限公司		
	账　号或住址	352376839872234××××				账　号或住址	330019005603550××××		
	汇　出地　点	上海市	汇出行名　称	×行徐汇营业部		汇　入地　点	江山市	汇入行名　称	×行兴业路办事处

人民币（大写）	伍万元整	千	百	十	万	千	百	十	元	角	分
				¥	5	0	0	0	0	0	0

汇款用途：付设备押金	（汇出行盖章）
上列款项已根据委托办理，如需查询，请持此回单来行面洽 单位主管　　会计　　复核　　记账	2×20年6月5日

客户回单

中国工×银行徐汇支行　20.06.05　业务章

收　　据

年　　月　　日　　　　　　　　第 *24* 号

今收到												
人民币（大写）：					十	万	千	百	十	元	角	分
事由：				现金								
				支票　　　号								
收款单位		财务负责人		收款人								

第三联　记账联

（9）6 日，向大连 RS 板材有限公司（纳税人识别号 9123556788××××，地址和电话：大连市经济开发区荣成路 6×号，0411-8877×××，开户行及账号：×行荣成路办事处 62357786554××××）销售 C02 板材 30 吨，单价 8000 元，办妥托收手续。（提示：填写增值税专用发票、委托收款凭证）。

浙江增值税专用发票

全国统一发票监制章　浙江　国家税务总局监制

430002057233　　　　　　　　№ 00016112

此联不作报销、扣税凭证使用　　　开票日期：　年　　月　　日

××函[2018]340号　××东港安全印刷有限公司

购买方	名　　称： 纳税人识别号： 地 址、电 话： 开户行及帐号：				密码区		
货物或应税劳务、服务名称	规格型号	单位	数量	单价	金额	税率	税额
合　　计							
价税合计（大写）					（小写）		
销售方	名　　称： 纳税人识别号： 地 址、电 话： 开户行及帐号：				备注		

收款人：　　　复核：　　　开票人：　　　销货方：（章）

第一联：记账联　销售方记账凭证

委托收款凭证（回单） 1

委电　　　　　　委托号码：第 *03126* 号

委托日期：　年　　月　　日　　　付款日期：　年　　月　　日

收款人	全　　称		付款人	全　　称	
	账　　号 或 地 址			账　　号 或 地 址	
	开户银行			开户银行	
委收金额	人民币（大写）			千 百 十 万 千 百 十 元 角 分	
款项内容		委托收款凭证名称		附寄单证张数	
备注：		款项收妥日期 年　月　日		收款单位开户行盖章 月　日	

单位主管　　　会计　　　复核　　　记账

此联收款人开户行给收款人的回单

产品出库单

年　月　日　　　　　　　仓库：2号库

成品名称规格	计量单位	出库数量	单价	金额
C02板材	吨	30		

主管：　　　　　　　　记账：　　　　　　　　保管员：　颜×

（10）7日，开出转账支票支付销售产品的运费1090元。（提示：填写转账支票）。

中国工×银行
转账支票存根（浙）

339832238

科　　目 ____________

对方科目 ____________

出票日期　年　月　日

收款人：	
金　额：	
用　途：	

单位主管　　会计

本支票付款期限十天

中国工×银行 转帐支票（浙）　　339832238

出票日期(大写)　　年　　月　　日　　付款行名称：

收款人：　　　　　　　　　　　　　　出票人帐号：

人民币（大写）	亿	千	百	十	万	千	百	十	元	角	分

用途________　　　　　　　　　　科目(借)..........................

上列款项请从　　　　　　　　　　　对方科目(贷)......................

我帐户内支付　　　　　　　　　　　转帐日期　年　月　日

出票人签章　　　　　　　　　　　　复核　　记帐

浙江增值税专用发票

（全国统一发票监制章 浙江 国家税务总局监制）

030455056322　　　　　　　　　　№ 06751670

发　票　联　　　　　　开票日期：　2×20年6　月7　日

××函[2018]340号 ××东港安全印刷有限公司

购买方	名　　称：江山HD板材有限公司 纳税人识别号：9133308223502038×××× 地 址、电 话：江山市经济开发区兴业路88×号 05704331××× 开户行及帐号：×行兴业路办事处 330019005603550××××	密码区	2455—1<9—7—615777848<032/52 >9/29522—49741626<8—30246879 >82906—24234521728—47—6<432 >2*—/>*>7/5924*811+18768311

货物或应税劳务、服务名称	规格型号	单位	数量	单价	金额	税率	税额
运输费		公里	200	5.00	1000.00	9%	90.00
合　　计					¥1000.00		¥90.00
价税合计（大写）	ⓧ壹仟零玖拾元整				（小写）¥1090.00		

销售方	名　　称：江山XJ物流有限公司 纳税人识别号：913308665547×××× 地 址、电 话：江山市建安路11×号 05708675××× 开户行及帐号：×行建安支行 33457899997××××	备注	（江山XJ物流有限公司 913308665547×××× 发票专用章）

收款人：郑×　　　　复核：宋×　　　　开票人：梅×　　　　销售方：（章）

第三联：发票联　购买方记账凭证

（11）7 日，从 YT 钢铁公司购进生铁一批，开出商业承兑汇票一张，材料已验收入二号库。（提示：填写商业承兑汇票、收料单）。

江西增值税专用发票

全国统一发票监制章 江西 国家税务总局监制

030122056588　　　　№ 02315130

发　票　联　　　　开票日期：　2×20 年 6　月 7　日

××函[2018]340 号　××东港安全印刷有限公司

购买方	名　　称：江山 HD 板材有限公司 纳税人识别号：9133308223502038×××× 地 址、电 话：江山市经济开发区兴业路 88×号 05704331××× 开户行及帐号：×行兴业路办事处 330019005603550××××				密码区	2489−1<9−7−615966648<032/52 >9/295652−49741626<8−30246879 >82906−24234521728−47−6<432 >7/5924*811+1++7+888 553	
货物或应税劳务、服务名称	规格型号	单位	数量	单价	金额	税率	税额
生铁		吨	20	3450.00	69000.00	13%	8970.00
合　　计					¥144000.00		¥8970.00
价税合计（大写）	⊗柒万柒仟玖佰柒拾元整				（小写）¥77970.00		
销售方	名　　称：江西 YT 钢铁有限公司 纳税人识别号：93087521456308×××× 地 址、电 话：吉安市建新路 25×号 07968785××× 开户行及帐号：×行建新支行 3318795049617××××				备注	江西YT钢铁有限公司 93087521456308×××× 发票专用章	

收款人：李×　　复核：王×辉　　开票人：李×　　销货方：（章）

第三联：发票联　购买方记账凭证

商 业 承 兑 汇 票

签发日期　　年　　月　　日　　　汇票号码：563348

付款人	全　称		收款人	全　称											
	账号或地址			账号或地址											
	开户银行			开户银行		行号									
汇票金额	人民币（大写）					千	百	十	万	千	百	十	元	角	分
汇票到期日				交易合同号码											
本汇票已本单位承兑，到期日无条件支付票款 此致 承兑人盖章 承兑日期：　年　　月　　日				出票人盖章： 负责　　　　经办											

收　料　单

供应单位：　　　　　　　　　　　　　　　　　　　　编号：

发票号码：　　　　　　年　　月　　日　　　　　　仓库：

规格	材料名称	编号	数量		实际价格（元）				合计									
			应收	实收	单位	单价	发票金额	运杂费	千	百	十	万	千	百	十	元	角	分

第二联：会计部门

采购人：　　　　检验员：　　　　记账员：　　　　保管员：

（12）8 日，开出转账支票一张，支付业务招待费。（提示：填写转账支票）。

浙江增值税普通发票

全国统一发票监制章 浙江 国家税务总局监制

030455056211　　　　　　　　　　№ 06751102

发　票　联　　　　开票日期：　2×20 年 6 月 8　日

××函[2018]340号××东港安全印刷有限公司

购买方	名　　称：江山 HD 板材有限公司 纳税人识别号：9133308223502038×××× 地 址、电 话：江山市经济开发区兴业路 88×号 05704331××× 开户行及帐号：×行兴业路办事处 330019005603550××××				密码区	2235−1<9−7−615777848<032/52 >9/29522−49741626<8−30678079 >82906−24334521728−47−6<432 >2*−/>*>7/5924*81122418311&6	
货物或应税劳务、服务名称	规格型号	单位	数量	单价	金额	税率	税额
餐饮费			1	3900.00	3398.04	3%	101.94
合　　计					¥3398.04		¥101.94
价税合计（大写）	⊗叁仟伍佰元整				（小写）¥3500.00		
销售方	名　　称：江山 LY 苑餐饮有限公司 纳税人识别号：913302568897×××× 地 址、电 话：江山市长兴路 28×号 05708056××× 开户行及帐号：×行长兴支行 30568892345××××				备注	江山LY餐饮有限公司 913302568897×××× 发票专用章	

第二联：发票联 购买方记账凭证

收款人：赵××　　　　复核：王×　　　　开票人：林×

中国工×银行 转账支票存根（浙）

34578090

科　　目 ____________

对方科目 ____________

出票日期　年　月　日

收款人：
金　额：
用　途：

单位主管　　会计

本支票付款期限十天

中国工×银行 转帐支票（浙）　　34578690

出票日期(大写)　　　年　　月　　日　　付款行名称：

收款人：　　　　　　　　　　　　　　　出票人帐号：

人民币（大写）	亿	千	百	十	万	千	百	十	元	角	分

用途________　　　　　　　　　　科目(借)....................

上列款项请从　　　　　　　　　　对方科目(贷)....................

我帐户内支付　　　　　　　　　　转帐日期　年　月　日

出票人签章　　　　　　　　　　　复核　　　记帐

（13）10 日，收到生产车间工人王×军交来现金，系其违章操作罚款。（提示：填写收款收据）。

罚款通知单

财务科：

车间工人王×军因违章操作，经厂长办公室决定，对其罚款 150 元。

厂长办公室
2×20 年 6 月 10 日

收　　据

年　　月　　日　　　　　　　　第 24 号

<table>
<tr><td colspan="6">今收到</td></tr>
<tr><td colspan="5" rowspan="2">人民币（大写）：</td><td>十 | 万 | 千 | 百 | 十 | 元 | 角 | 分</td></tr>
<tr><td></td></tr>
<tr><td colspan="5" rowspan="3">事由：</td><td>现金</td></tr>
<tr><td>支票　　　　号</td></tr>
<tr><td></td></tr>
<tr><td>收款单位</td><td></td><td>财务负责人</td><td></td><td>收款人</td><td></td></tr>
</table>

第三联　记账联

三、模拟实训任务

（1）根据实训资料辨别原始凭证反映的经济内容；
（2）根据实训资料填写相关原始凭证。

项目四 记账凭证填制

任务一 专用记账凭证填制

扫一扫 跟我学

一、模拟实训目的

通过本次实训，使学生能学会辨别经济业务，并根据经济业务合理选择专用记账凭证类型并正确规范填制凭证。

二、模拟实训资料

北方 SF 有限公司是一家家电生产企业，增值税一般纳税人，税率 13%，主营产品为 RC 和 KP 产品，原材料 W 材料和 F 材料，采用实际成本法核算。2×20 年 7 月发生部分经济业务如下（原始凭证略）：

（1）1 日，从银行提现 2600 元备用。（附现金支票存根 1 张）。

付 款 凭 证

贷方科目　　　　年　月　日　　　　字第　号

摘　　要	借方总账科目	明细科目		金额										
				千	百	十	万	千	百	十	元	角	分	附单据
														张
合　　计														

财务主管　　记账　　出纳　　审核　　制单

（2）1 日，向银行借入 3 个月期短期借款 200000 元，款项已存入企业账户，年利率 6%，按月计提，到期一次支付本息。（附借款凭证 1 张）。

收 款 凭 证

借方科目＿＿＿＿＿＿　　　　年　月　日　　　　字第　号

摘　　要	贷方总账科目	明细科目	借或贷	金额										
				千	百	十	万	千	百	十	元	角	分	附单据
														张
合　　计														

财务主管　　记账　　出纳　　审核　　制单

（3）3 日，采购科程×预借差旅费 1000 元，现金支付。（附借款单 1 张）。

付 款 凭 证

贷方科目　　　　　　　　　　年　　月　　日　　　　　　　　　　字第　　号

摘　　要	借方总账科目	明细科目		金额									
				千	百	十	万	千	百	十	元	角	分
合　　计													

附单据　　张

财务主管　　　　记账　　　　出纳　　　　审核　　　　制单

（4）6 日，开出转账支票，购买行政部门办公用品，取得增值税专用发票，价款 500 元，增值税 65 元。（附支票存根 1 张，增值税专用发票 1 张）。

付 款 凭 证

贷方科目　　　　　　　　　　年　　月　　日　　　　　　　　　　字第　　号

摘　　要	借方总账科目	明细科目		金额									
				千	百	十	万	千	百	十	元	角	分
合　　计													

附单据　　张

财务主管　　　　记账　　　　出纳　　　　审核　　　　制单

（5）7 日，上月采购的一批 W 材料验收入库，该批材料成本 54000 元。（附收料单 1 张）。

转 账 凭 证

年　　月　　日　　　　　　　　字第　　号

摘　　要	总账科目	明细科目	√	借方金额										√	贷方金额									
				千	百	十	万	千	百	十	元	角	分		千	百	十	万	千	百	十	元	角	分
合　　计																								

附单据　　张

财务主管　　　　记账　　　　审核　　　　制单

（6）8日，销售RC产品，开出增值税专用发票，价款300000元，增值税39000元，款项未收回，委托银行办妥托收手续。（附增值税专用发票1张）。

转账凭证

年　月　日　　　　　　字第　号

摘要	总账科目	明细科目	√	借方金额										√	贷方金额								
				千	百	十	万	千	百	十	元	角	分		千	百	十	万	千	百	十	元	角	分
合计																								

附单据　张

财务主管　　记账　　审核　　制单

（7）7日，生产产品领用W材料，其中RC产品领用60000元，KP产品领用80000元，车间一般消耗2000元。（附领料单2张）。

转账凭证

年　月　日　　　　　　字第　号

摘要	总账科目	明细科目	√	借方金额										√	贷方金额								
				千	百	十	万	千	百	十	元	角	分		千	百	十	万	千	百	十	元	角	分
合计																								

附单据　张

财务主管　　记账　　审核　　制单

（8）10日，采购一批F材料，取得增值税专用发票，价款90000元，增值税11700元，支付材料运费，取得增值税专用发票，运费600元，增值税54元，款项均通过银行支付。（附增值税专用发票两张，收料单1张，支票存根2张）。

付款凭证

贷方科目　　　年　月　日　　　　字第　号

摘要	借方总账科目	明细科目		金额									
				千	百	十	万	千	百	十	元	角	分
合计													

附单据　张

财务主管　　记账　　出纳　　审核　　制单

(9) 10 日，开出转账支票，发放工资。本月应发 154000 元，扣回代垫房租水电费 4000 元，代扣个人所得税 2300 元，实发 147700 元。（附工资汇总表 1 张，支票存根 1 张）。

付款凭证

贷方科目　　　　　　　　年　月　日　　　　　　　　字第　　号

摘要	借方总账科目	明细科目		金额									
				千	百	十	万	千	百	十	元	角	分
合计													

附单据　张

财务主管　　记账　　出纳　　审核　　制单

转账凭证

年　月　日　　　　　　　　字第　　号

摘要	总账科目	明细科目	√	借方金额										√	贷方金额									
				千	百	十	万	千	百	十	元	角	分		千	百	十	万	千	百	十	元	角	分
合计																								

附单据　张

财务主管　　记账　　审核　　制单

(10) 12 日，收回东风公司前欠货款 30000 元，存入银行。(附进账单 1 张)。

收款凭证

借方科目＿＿＿＿＿　　　　年　月　日　　　　　　　　字第　　号

摘要	贷方总账科目	明细科目	借或贷	金额									
				千	百	十	万	千	百	十	元	角	分
合计													

附单据　张

财务主管　　记账　　出纳　　审核　　制单

（11）15 日，将现金 1300 元存入银行。（附现金缴款单 1 张）。

付款凭证

贷方科目　　　　　　　　年　月　日　　　　　　字第　　号

摘　　要	借方总账科目	明细科目		金　额									
				千	百	十	万	千	百	十	元	角	分
合　　计													

附单据　　张

财务主管　　　记账　　　出纳　　　审核　　　制单

（12）18 日，开出转账支票，归还前欠 FD 商贸公司货款 60000 元。（附支票存根 1 张）。

付款凭证

贷方科目　　　　　　　　年　月　日　　　　　　字第　　号

摘　　要	借方总账科目	明细科目		金　额									
				千	百	十	万	千	百	十	元	角	分
合　　计													

附单据　　张

财务主管　　　记账　　　出纳　　　审核　　　制单

（13）22 日，收 DH 公司合同违约金 30000 元，存入银行。（附进账单 1 张）。

收款凭证

借方科目＿＿＿＿＿＿　　　　年　月　日　　　　　　字第　　号

摘　　要	贷方总账科目	明细科目	借或贷	金　额									
				千	百	十	万	千	百	十	元	角	分
合　　计													

附单据　　张

财务主管　　　记账　　　出纳　　　审核　　　制单

（14）25 日，现金缴纳印花税 200 元。（附税款支付凭证 1 张）。

付 款 凭 证

贷方科目　　　　　　　　年　月　日　　　　　　字第　　号

摘　　要	借方总账科目	明细科目		金额									
				千	百	十	万	千	百	十	元	角	分
合　　计													

附单据　　张

财务主管　　记账　　出纳　　审核　　制单

（15）30 日，计算分配本月工资。其中，RC 产品生产工人工资 46000 元，KP 产品生产工人工资 50000 元，车间管理人员工资 8000 元，行政管理人员工资 30000 元，，销售人员工资 20000 元。（附工资汇总表 1 张）。

转 账 凭 证

年　月　日　　　　　　字第　　号

摘　　要	总账科目	明细科目	√	借方金额										√	贷方金额									
				千	百	十	万	千	百	十	元	角	分		千	百	十	万	千	百	十	元	角	分
合　　计																								

附单据　　张

财务主管　　记账　　审核　　制单

（16）30 日，计提本月固定资产折旧。其中，生产车间折旧 970 元，管理部门折旧 580 元。（附折旧计算表 1 张）。

转 账 凭 证

年　月　日　　　　　　字第　　号

摘　　要	总账科目	明细科目	√	借方金额										√	贷方金额									
				千	百	十	万	千	百	十	元	角	分		千	百	十	万	千	百	十	元	角	分
合　　计																								

附单据　　张

财务主管　　记账　　审核　　制单

（17）30 日，产品完工入库。其中，RC 产品完工成本 54612 元，KP 产品完工成本 42000 元。

转账凭证

年 月 日　　　　字第 号

摘要	总账科目	明细科目	√	借方金额										√	贷方金额									
				千	百	十	万	千	百	十	元	角	分		千	百	十	万	千	百	十	元	角	分
合计																								

附单据 张

财务主管　　记账　　审核　　制单

（18）30 日，结转本月已销 RC 产品成本 210000 元。

转账凭证

年 月 日　　　　字第 号

摘要	总账科目	明细科目	√	借方金额										√	贷方金额									
				千	百	十	万	千	百	十	元	角	分		千	百	十	万	千	百	十	元	角	分
合计																								

附单据 张

财务主管　　记账　　审核　　制单

三、模拟实训任务

（1）根据上述资料，判定经济业务应选择的专用记账凭证类型；

（2）根据上述资料，规范填制上述经济业务的专用记账凭证。（原始凭证略，专用记账凭证编号分现收、现付、银收、银付和转账分别从 1 号开始）。

扫一扫 跟我学

任务二　通用记账凭证填制

一、模拟实训目的

通过本次实训，使学生能学会辨别经济业务，并根据经济业务正确规范填制通用记账凭证。

二、模拟实训资料

（一）项目三任务二的相关资料

（二）相关原始凭证

江山 HD 板材有限公司 2×20 年 6 月 11～30 日发生的经济业务及相关原始凭证如下：

（1）11 日，向福州 FL 板材公司销售 S01 板材 30 吨，款项存银行。

浙江增值税专用发票

（全国统一发票监制章　浙江　国家税务总局监制）

430002057233　　　　№ 00016134

此联不作报销、扣税凭证使用　　开票日期：2×20 年 6 月 11 日

××函[2018]340号 ××东港安全印刷有限公司

购买方	名　　称：福州 FL 板材有限公司 纳税人识别号：9110341150320381×××× 地 址、电 话：福州市经济开发区大成路 12×号 05913076××× 开户行及帐号：×行大成路办事处 623819005343550××××				密码区	2449—1<9—7—615943848<032/52 >9/29522—49741626<8—30246879 >82906—24234521728—47—6<432 >2*—/>*>7/5924*811+1++7+8326	
货物或应税劳务、服务名称	规格型号	单位	数量	单价	金额	税率	税额
S01 板材		吨	30	6800.00	204000.00	13%	26520.00
合　　计					¥204000.00		¥26520.00
价税合计（大写）	⊗贰拾叁万零伍佰贰拾元整				（小写）¥230520.00		
销售方	名　　称：江山 HD 板材有限公司 纳税人识别号：9133308223502038×××× 地 址、电 话：江山市经济开发区兴业路 88×号 05704331××× 开户行及帐号：×行兴业路办事处 330019005603550××××				备注	（江山HD板材有限公司 9133308223502038×××× 发票专用章）	

收款人：陈×　　复核：熊×　　开票人：陈×　　销货方：（章）

第一联：记账联　销售方记账凭证

中国工×银行电汇凭证(收账通知)　4

委托日期：　　年　月　日　　　　　　第 070245 号

汇款人	全　称	福州 FL 板材有限公司		收款人	全　称	江山 HD 板材有限公司		
	账　号或住址	623819005343550××××			账　号或住址	330019005603550××××		
	汇　出地　点	福州市	汇出行名　称：大成办事处		汇　入地　点	江山市	汇入行名称：兴业路办事处	
人民币（大写）	贰拾叁万零伍佰贰拾元整							

百	十	万	千	百	十	元	角	分
¥	2	3	0	5	2	0	0	0

汇款用途：付货款

（汇出行盖章）　中国工×银行 电子回单 专用章　年　月　日

上列款项已根据委托办理，如需查询，请持此回单来行面洽

单位主管　　会计　　复核　　记账

此联是收款人开户行给收款人的收账通知

产品出库单

2×20 年 6 月 11 日　　　　仓库：1号库

成品名称规格	计量单位	出库数量	单价	金额
S01板材	吨	30		

主管：　　　　记账：　　　　保管员：颜林

（2）12 日，向银行借款，存入基本存款户。

中国工×银行借款凭证（收账通知）

年　月　日

借款人	江山 HD 板材有限公司	贷款账号	131-3890	存款账号	330019005603550××××
贷款金额	人民币(大写)：壹佰万元整				

千	百	十	万	千	百	十	元	角	分
¥1	0	0	0	0	0	0	0	0	0

借款用途：临时周转

约定还款期：期限 3 个月　　于 2020 年 9 月 12 日到期　　利率 6%

上列借款已批准发放，转入你单位存款账户。

中国工×银行 江山兴业办事处 2×20.06.12 转讫

（银行签章）

复核：李×　　　　记账：张×

（3）12 日，从 YT 钢铁公司购进圆钢一批，卖方代垫运费，材料尚在途中，款项尚未支付。

江西增值税专用发票

全国统一发票监制章 江西 国家税务总局监制

030122056588　　　　№ 02315136

发票联　　　　开票日期：2×20 年 6 月 12 日

购买方	名　　称：江山 HD 板材有限公司 纳税人识别号：913330822350203 8×××× 地 址、电 话：江山市经济开发区兴业路 88×号 05704331××× 开户行及帐号：×行兴业路办事处 330019005603550××××	密码区	2489-1<9-7-615943848<032/52 >9/29522-49741626<8-30246879 >82906-24234521728-47-6<432 >2*-/>*>7/5924*811+1++7+8326

货物或应税劳务、服务名称	规格型号	单位	数量	单价	金额	税率	税额
圆钢		吨	30	4800.00	144000.00	13%	18720.00
合　　计					¥144000.00		¥18720.00
价税合计（大写）	⊗壹拾陆万贰仟柒佰贰拾元整				（小写）¥162720.00		

销售方	名　　称：江西 YT 钢铁有限公司 纳税人识别号：93087521456308×××× 地 址、电 话：吉安市建新路 256×号 07968785××× 开户行及帐号：×行建新支行 3318795049617××××	备注	江西YT钢铁有限公司 93087521456308×××× 发票专用章

收款人：李×　　复核：王×辉　　开票人：李×　　销售方：（章）

××函[2018]340号 ××东港安全印刷有限公司

第三联：发票联 购买方记账凭证

江西增值税专用发票

全国统一发票监制章 江西 国家税务总局监制

038566320 02　　　　№ 03765582

发票联　　　　开票日期：2×20 年 6 月 12 日

购买方	名　　称：江山 HD 板材有限公司 纳税人识别号：9133308223502038×××× 地 址、电 话：江山市经济开发区兴业路 88×号 05704331××× 开户行及帐号：×行兴业路办事处 330019005603550××××	密码区	2344-1<9-7-615943848<032/52 >9/29522-49741626<8-30246879 >82906-24234667828-47-6<432 >2*-/>*>7/5924*811+1++7+5556

货物或应税劳务、服务名称	规格型号	单位	数量	单价	金额	税率	税额
运输费		公里	300	4.00	1200.00	9%	108.00
合　　计					¥1200.00		¥108.00
价税合计（大写）	⊗壹仟叁佰零捌元整				（小写）¥1308.00		

销售方	名　　称：江西DH物流有限公司 纳税人识别号：930098789423×××× 地 址、电 话：江山市江夏路 23×号 07968791××× 开户行及帐号：×行建新支行 3318795049617××××	备注	江西DH物流有限公司 930098789423×××× 发票专用章

收款人：李×　　复核：王×辉　　开票人：李×　　销售方：（章）

××函[2018]340号 ××东港安全印刷有限公司

第三联：发票联 购买方记账凭证

（4）12 日，开出转账支票，委托银行代发职工工资。

(4) 12日，……

工资费用汇总表

2×20年6月　　　　（元）

部门名称	基本工资	奖金	加班工资	应发合计	代扣			实发工资
					养老保险	医疗保险	个人所得税	
生产人员	70000	11200	6200	87400	2780	1245	349	83026
车间管理人员	10000	1400	1000	12400	480	120	68	11732
销售部门	30000	4200	2200	36400	1060	535	178	34627
行政部人员	10000	1200	550	11750	398	109	56	11187
合　计	120000	16800	9000	147950	4718	2009	651	140572

中国工×银行转账支票存根

支票号码　22340112

科　　目

对方科目

出票日期　2×20年6月12日

收款人:	江山HD板材有限公司
金　额:	140572.00
用　途:	发工资
备　注	

单位主管　王×　　　　会计　李×

复　核　　　　　　　　记账

（5）13日，财务科李×云出差归来，报销差旅费，余款退回。

差　旅　费　报　销　单

单位名称：财务科　　　　填报日期 ：2×20年6月13　日　　　　单位：元

姓名	李×	职级	科长			出差事由	开会			备注
日期		起 止 地 点		飞机、车、船票		其　他　费　用				
月	日	起	止	类别	金额	项　目		标准	计算天	核报金额
6	6	杭州	大连	火车	620.00	住宿费	包干报销	360.00	5	1800.00
6	11	大连	杭州	火车	620.00		限额报销			
						伙食补助费		100.00	6	600.00
						市内交通补助费		80.00	6	480.00
						其他杂支				
小　计					￥1240.00	小　计				￥2880.00
总计金额	肆仟壹佰贰拾元整					预支 5 000.00 核销 4120.00 退款 880.00				

主管：高×　　　部门：　　　审核：　　　填报人：李×

收　　据

2×20 年 6 月 13 日　　　　第 25 号

今收到 财务科李×云									第三联 记账联
人民币（大写）：捌佰捌拾元整	十	万	千	百	十	元	角	分	
			¥	8	8	0	0	0	
事由：借支差旅费余款	现金								
	支票　　号								
收款单位	财务负责人		收款人 季×						

江山HD板材有限公司 财务专用章

（6）14 日，生产车间领用生铁 40 吨、圆钢 5 吨用于 S01 板材生产，领用生铁 20 吨用于 C02 板材生产。

领　料　单

领料部门：生产车间　　　　领用日期：2×20 年 6 月 14 日

规格	材料名称	编号	单位	请领数量	实发数量	实际价格		
						单价	金额	仓库记账后转会计部
	生铁		吨	40	40			
用途	生产 S01 板材	领料部门		发料部门				
		负责人	领料人	核准人	发料人			
		吴×	龚×	李×	林×			

采购人：　　检验员：　　记账员：　　保管员：孙×

领　料　单

领料部门：生产车间　　　　领用日期：2×20 年 6 月 14 日

			单位	请领数量	实发数量	单价	金额	仓库记账后转会计部
	圆钢		吨	5	5			
用途	生产 S01 板材	领料部门		发料部门				
		负责人	领料人	核准人	发料人			
		吴×	龚×	李×	林×			

采购人：　　检验员：　　记账员：　　保管员：孙×

领 料 单

领料部门：生产车间　　　　领用日期：2×20 年 6 月 14 日

规格	材料名称	编号	单位	请领数量	实发数量	实际价格	
						单价	金额
	生铁		吨	20	20		
用途	生产 C02 板材	领料部门			发料部门		
		负责人		领料人	核准人	发料人	
		吴×		章×	李×	林×	

仓库记账后转会计部

采购人：　　　检验员：　　　记账员：　　　保管员：孙×

(7) 15 日，12 日从江西 YT 钢铁公司购入的圆钢到货，验收入库。

收 料 单

供应单位：YT 钢铁公司　　　　　　编号：1001

发票号码：02315136　　　2×20 年 6 月 15 日　　　仓库：二号库

规格	材料名称	编号	数量		实际价格（元）				合计									
			应收	实收	单位	单价	发票金额	运杂费	千	百	十	万	千	百	十	元	角	分
	圆钢	/	30	30	吨	4800	144000.00	1200.00			1	4	5	2	0	0	0	0

第二联：会计部门

采购人：李×　　检验员：　　记账员：　　保管员：孙×

(8) 16 日，开出转账支票购买办公用品，用于行政部门使用。

浙江增值税专用发票

全国统一发票监制章 浙江 国家税务总局监制

030455056322　　　　　　№ 06751110

发 票 联

开票日期：2×20 年 6 月 16 日

购买方	名　　称：江山 HD 板材有限公司 纳税人识别号：9133308223502038×××× 地 址、电 话：江山市经济开发区兴业路 88×号 05704331××× 开户行及帐号：×行兴业路办事处 330019005603550××××				密码区	2455−1<9−7−615777848<032/52 >9/29522−49741626<8−30246879 >82906−24234521728−47−6<432 >2*−/>*>7/5924*811+18768311	
货物或应税劳务、服务名称	规格型号	单位	数量	单 价	金 额	税率	税 额
打印纸		箱	10	3900.00	3900.00	13%	507.00
合 计					¥3900.00		¥507.00
价税合计（大写）	ⓧ肆仟肆佰零柒元整				（小写）¥4407.00		
销售方	名　　称：江山 FY 商贸有限公司 纳税人识别号：932446665588×××× 地 址、电 话：江山市江林路 21×号 05708788××× 开户行及帐号：×行建安支行 33187950496889××××				备注	江山FY商贸有限公司 932446665588×××× 发票专用章	

收款人：蒋×　　复核：王×　　开票人：赵×　　销售方：（章）

××函[2018]340号 ××东港安全印制有限公司

第三联：发票联 购买方记账凭证

中国工×银行转账支票存根

支票号码　22340178

科　　目

对方科目

出票日期　2×20年6月16日

收款人:	江山FY商贸有限公司
金　额:	4407.00
用　途:	付货款
备　注	

单位主管　王×　　　　会计　李×

复　核　　　　　　　　记账

（9）17日，向红十字会捐款20000元。

××省统一收款收据

收　据　联

发票代码 2330011072

开票日期：2×20年6月17日　　　　发票号码 049527

浙地税印 090278 9×09.09×386000×3联

××圣地票证印制中心承印

缴款单位或个人	江山HD板材有限公司				
款项内容	捐赠款		收款方式	转账	
人民币（大写）	贰万元整			¥20 000.00	
收款单位盖章		收款人签章	朱×	备注	本收据不得用于经营性款项收入

第一联：收据联

中国工×银行转账支票存根

支票号码　22340178

科　　目

对方科目

出票日期　2×20年6月17日

收款人:	QZ市红十字总会
金　额:	20000.00
用　途:	捐赠
备　注	

单位主管　王×　　　　会计　李×

复　核　　　　　　　　记账

（10）18 日，现金存入银行。

中国工×银行 现金缴款单（回单）

2×20 年 6 月 18 日　　　　No7774611

收款人	名称	江山 HD 板材有限公司					
	帐号	330019005603550××××			款项来源	收回欠款	
开户银行		×行兴业路办事处			交款人	李×	
金额（大写）		人民币贰仟元整				金额小写 BMB2000.00	
票面（元）	张数	票面（元）	张数	票面（元）	张数	票面（元）	张数
100	20						
			授权			收款	

（11）18 日，购入设备一台，交付使用。

浙江增值税专用发票

030455056322　　　　№ 06751110

发票联

开票日期：2×20 年 6 月 18 日

××函[2018]340号 ××东港安全印刷有限公司

购买方	名　　称：江山 HD 板材有限公司 纳税人识别号：9133308223502038×××× 地址、电话：江山市经济开发区兴业路 88×号 05704331××× 开户行及帐号：×行兴业路办事处 330019005603550××××				密码区	2339−1<9−7−616663848<032/52 >9/29522−49741626<8−30246879 >82906−24234521728−47−6<432 >2*−/>*>7/5924*811+1+7+886	
货物或应税劳务、服务名称	规格型号	单位	数量	单价	金额	税率	税额
GM 数控平面钻床		台	2	36000.00	72000.00	13%	9360.00
合　计					¥72000.00		¥9360.00
价税合计（大写）	⊗捌万壹仟叁佰陆拾元整				（小写）¥81360.00		
销售方	名　　称：温州 ZY 机床有限公司 纳税人识别号：93112857863×××× 地址、电话：温州市开发区 11×号 05778354××× 开户行及帐号：×行开发区支行 3305786985633×××				备注		

收款人：王×　　复核：宋×　　开票人：孙×　　销货单位：（章）

第三联：发票联　购买方记账凭证

中国工×银行信汇凭证(回单)　1

委托日期：2×20 年 6 月 18 日　　　　第 07023 号

汇款人	全　称	江山 HD 板材有限公司		收款人	全　称	温州 ZY 机床有限公司	
	账号或住址	330019005603550××××			账号或住址	330578698563×××	
	汇出地点	江山市	汇出行名称：兴业办事处		汇入地点	温州	汇入行名称：开发区支行
人民币（大写）		捌万壹仟叁佰陆拾元整				百十万千百十元角分 ¥ 8 1 3 6 0 0 0	
汇款用途：付设备款				（汇出行盖章）			
上列款项已根据委托办理，如需查询，请持此回单来行面洽 单位主管　会计　复核　记账							

此联是汇出行给汇款单位的回单

固定资产入库单

2×20 年 6 月 18 日　　　　入库单号：0112

资产名称	规格型号	资产类别	供应商	单位	数量	单价(元)	金额(元)	备注
GM 数控平面钻床		机器设备	温州 ZY 机床有限公司	台	2	36000.00	72000.00	
验收意见：合格				验收人员(签字)：曾×				
资产管理员(签字)：李×				采　购　员(签字)：王×				

第一联　财务部

（12）19 日，向 GD 机床公司销售 C02 板材，办妥托收手续。

浙江增值税专用发票

430002057233　　全国统一发票监制章 浙江 国家税务总局监制　　№ 00016135

此联不作报销、扣税凭证使用　　开票日期：2×20 年 6 月 19 日

××函[2018]340号　××东港安全印刷有限公司

购买方	名　　称：GD 机床公司 纳税人识别号：673230822350203×××× 地 址、电 话：长沙市经济开发区 125×号 07314655××× 开户行及帐号：×行长沙开发区办事处 432190088991231				密码区	2433—1<9—7—615567455<032/52 >9/29222—49741116<8—30246879 >82906—24234521728—47—6<432 >2*—/>*>7/5924*81=3330945906		
货物或应税劳务、服务名称	规格型号	单位	数量	单价	金额		税率	税额
C02 板材		吨	30	8000.00	240000.00		13%	31200.00
合　　计					¥240000.00			¥31200.00
价税合计（大写）	⊗贰拾柒万壹仟贰佰元整				（小写）¥271200.00			
销售方	名　　称：江山 HD 板材有限公司 纳税人识别号：9133308223502038×××× 地 址、电 话：江山市经济开发区兴业路 88×号 05704331××× 开户行及帐号：×行兴业路办事处 330019005603550××××				备注	江山HD板材有限公司 9133308223502038×××× 发票专用章		

收款人：陈×　　复核：熊×　　开票人：陈×　　销货方：（章）

第一联：记账联　销售方记账凭证

产品出库单

2×20 年 6 月 19 日　　　　仓库：2号库

成品名称规格	计量单位	出库数量	单价	金额
C02板材	吨	30		

主管：　　记账：　　保管员：　颜×

委电 **委托收款凭证**(回单) 1

委托号码：第 03112 号

委托日期： 2×20 年 6 月 19 日 付款日期：2×20 年 月 日

收款人	全 称	江山 HD 板材有限公司	付款人	全 称	湖南 GD 机床公司
	账 号 或 地 址	330019005603550××××		账 号 或 地 址	43219008899××××
	开户银行	×行兴业路办事处		开户银行	×行长沙开发区办事处

委收金额	人民币（大写）	千	百	十	万	千	百	十	元	角	分
	贰拾柒万壹仟贰佰元整		¥	2	7	1	2	0	0	0	0

款项内容	销售商品货款	委托收款凭证名称	增值税专用发票	附寄单证张数	1 张
备注：电划		款项收妥日期 年 月 日		收款单位开户行盖章 月 日	

单位主管 会计 复核 记账 付款人开户行

此联收款人开户行给收款人的回单

[×行江山兴业路办事处 2×20.06.19 业务章]

（13）6 月 20 日，收到 QK 工贸有限公司投资款 30 万元。

投资协议书（部分）

投出单位：QK 工贸有限公司

投入单位：江山 HD 板材有限公司

……

第四条 QK 工贸有限公司向江山 HD 板材有限公司投资 300000 元，系现金出资。QK 工贸有限公司投资后占江山 HD 板材有限公司注册资本的 10%的份额，其中江山 HD 板材有限公司注册资本为 2000000 元。QK 工贸有限公司须在 2×20 年 7 月 31 日前出资。

……

中国工×银行**进账单**(收账通知) 3

填制日期： 年 月 日 第 070855 号

付款人	全 称	QK 工贸有限公司			收款人	全 称	江山 HD 板材有限公司	
	账 号 或住址	55672111902××××				账 号 或住址	330019005603550××××	
	汇 出 地 点	达州市	汇出行 名 称	× 行 营 业部		汇 入 地 点	江山市	汇入行 名 称 ×行兴业路办事处

人民币（大写）	千	百	十	万	千	百	十	元	角	分
叁拾万元整		¥	3	0	0	0	0	0	0	0

汇款用途：预付货款	（汇出行盖章）
上列款项已根据委托办理，如需查询，请持此回单来行面洽 单位主管 会计 复核 记账	2020 年 6 月 20 日

客户回单

[中国工×银行达州支行 2×20.06.20 业务章]

收　　据

2×20年 6 月 20日　　　　第 26 号

今收到 QK 工贸有限公司					
人民币（大写）：叁拾万元整				百十万千百十元角分 ¥ 3 0 0 0 0 0 0 0	
事由：投资款				现金 支票　　号	
收款单位		财务负责人		收款人	李青

江山HD板材有限公司 财务专用章

（14）20日，收回 HF 板材经销公司欠款存入银行。

托收承付凭证(收账通知)　4

委托日期：2×20年 6 月 20日　　　　托收号码：281

收款人	全　　称	江山 HD 板材有限公司	付款人	全　　称	HF 板材经销公司
	账　　号 或 地 址	330019005603550××××		账　　号 或 地 址	900560058 95××××
	开户银行	×行兴业路办事处		开户银行	×行运城支行

委收金额	人民币（大写）	柒万元整	千	百	十	万	千	百	十	元	角	分
					¥	7	0	0	0	0	0	0

附寄单证张数	3张	商品发运情况	已运出	合同名称号码	HB-008
备注：	款项收妥日期 2×20年6月20日			开户银行盖章	

此联收款人开户行给收款人的回单

中国工×银行运城支行 2×20.06.20 业务章

（15）6月22日，归还欠款。

中国工×银行信汇凭证(回单)　1

委托日期：2×20年 6 月 20日　　　　第 070245 号

汇款人	全　称	江山 HD 板材有限公司			收款人	全　称	DL 商贸公司	
	账　号 或住址	330019005603550××××				账　号 或住址	8855676833465××××	
	汇　出 地　点	江山市	汇出行 名　称	兴业办事处		汇　入 地　点	吉安市	汇入行名称：吉安支行

人民币（大写）	伍万元整	百	十	万	千	百	十	元	角	分
			¥	5	0	0	0	0	0	0

汇款用途：还货款	
上列款项已根据委托办理，如需查询，请持此回单来行面洽 单位主管　会计　复核　记账	

此联是汇出行给汇款单位的回单

×行江山兴业路办事处 2×20.06.22 业务章

（16）23 日，开出转账支票支付媒体广告费。

浙江增值税专用发票

030455056778　　　　（全国统一发票监制章 浙江 国家税务总局监制）　　　　№ 06731158

发票联　　　　开票日期：2×20 年 6 月 23 日

××函[2018]340号 ××东港安全印刷有限公司

购买方	名　　称：江山 HD 板材有限公司 纳税人识别号：9133308223502038×××× 地 址、电 话：江山市经济开发区兴业路 88×号 05704331××× 开户行及帐号：×行兴业路办事处 330019005603550××××				密码区	1139−1<9−7−616663848<032/52 >9/29522−49741556<8−30246879 >82906−24234521728−47−6<432 >2*−/>*>7/5924*822+1++7+899	
货物或应税劳务、服务名称	规格型号	单位	数量	单价	金额	税率	税额
广告费			1	40000.00	40000.00	6%	2400.00
合　计					¥40000.00		¥2400.00
价税合计（大写）	⊗肆万贰仟肆佰元整				（小写）¥42400.00		
销售方	名　　称：浙江 GZ 传媒有限公司 纳税人识别号：93128665788×××× 地 址、电 话：江山市建新路 33×号 05703076××× 开户行及帐号：×行建新路办事处 3355678900××××				备注	（浙江GZ传媒有限公司 93128665788×××× 发票专用章）	

收款人：郑×　　复核：王×　　开票人：郑×　　销货方：（章）

第三联：发票联 购买方记账凭证

中国工×银行转账支票存根

支票号码　22340188

科　　目

对方科目

出票日期　2×20 年 6 月 23 日

收款人：	浙江 GZ 传媒有限公司
金　额：	42400.00
用　途：	广告费
备　注	

单位主管　王×　　　会计　李×

复　　核　　　　　记账

（17）23 日，总务科王×军出差预借差旅费。

借　款　单

2×20 年 6 月 23 日

姓　　名	王×军	工作部门	总务科	职　务	科长
借款原因	武汉开会		领导审批	同意　　林×	
借款金额	人民币（大写）壹仟伍佰元整			¥1,500.00　（现金付讫）	
备　　注					

（18）24 日，向 JC 公司销售 C02 板材 35 吨，收到银行承兑汇票一张。

浙江增值税专用发票

430002057233　　　　（全国统一发票监制章　浙江　国家税务总局监制）　　　　№ 00016139

此联不作报销、扣税凭证使用　　　　开票日期：2×20 年 6 月 24 日

购买方	名　　称：JC 板材有限公司 纳税人识别号：9133012299876×××× 地 址、电 话：福州市望江路 35×号 05918785××× 开户行及帐号：×行望江支行 62382298778××××				密码区	2449−1<9−7−61566677675032/52 >9/29522−49878826<8−30246879 >82906−24234521728−47−6<432 >2*−/>*>7/5924*811+1++7+8111	
货物或应税劳务、服务名称	规格型号	单位	数量	单价	金额	税率	税额
C02 板材		吨	35	8000.00	280000.00	13%	36400.00
合　　计					¥280000.00		¥36400.00
价税合计（大写）	⊗叁拾壹万陆仟肆佰元整				（小写）¥316 400.00		
销售方	名　　称：江山 HD 板材有限公司 纳税人识别号：913330822350 2038×××× 地 址、电 话：江山市经济开发区兴业路 88×号 05704331××× 开户行及帐号：×行兴业路办事处 330019005603550××××				备注	（江山HD板材有限公司 发票专用章）	

收款人：陈×　　复核：熊×　　开票人：陈×　　销货方（章）

××画[2018]340号　××东港安全印刷有限公司

第一联：记账联　销售方记账凭证

银行承兑汇票

签发日期　2×20 年 6 月 24 日　　　　汇票号码：568299

付款人	全　称	JC 板材有限公司	收款人	全　称	江山 HD 板材有限公司
	账号或地址	62382298778××××		账号或地址	330019005603550××××
	开户银行	×行望江支行		开户银行	×行兴业路办事处

汇票金额	人民币（大写）	千	百	十	万	千	百	十	元	角	分
	叁拾壹万陆仟肆佰元整		¥	3	1	6	4	0	0	0	0

汇票到期日（大写）	贰零贰零年陆月贰拾肆日	交易合同号码	
本汇票请你行承兑，到期无条件支付票款 （JC板材股份有限公司） 出票人盖章	本汇票已经承兑，到期日由本行付款。 （中国人民银行望江支行 2×20.06.24 汇票专用章） 承兑人签章： 承兑日期：　年　月　日	复核　　记账	

产品出库单

2×20 年 6 月 24 日　　　　仓库：2号库

成品名称规格	计量单位	出库数量	单价	金额
C02板材	吨	35		

主管：　　记账：　　保管员：颜×

（19）25 日，盘点库存现金。

现金盘点报告单

日期	账面余额	实际库存额	对比结果		原因	处理意见
			长款	短款		
2×20.6.25	5190.00	5100.00		90	多付款	出纳李×丽赔款

出纳：李×　　会计：熊×　　财务科长：王×

收　　据

2×20 年 6 月 25 日　　第 27 号

今收到 财务科李×丽					第三联 记账联
人民币（大写）：玖拾元整			十 万 千 百 十 元 角 分 ¥ 9 0 0 0		
事由：短款赔款	现金收讫		现金 支票　号		
收款单位		财务负责人		收款人	王×

（20）27 日，交纳税款。

支行名称：江山兴业路办事处　　网点号：232490768

江山市电子缴税系统回单

扣款日期：2×20.6.27

清算日期：2×20.6.27

付款人名称：江山 HD 板材有限公司

付款人账号：330019005603550××××

付款人开户银行：×行兴业路办事处

收款人名称：江山市税务局

收款人账号：1654388

收款人开户银行：国家金库江山支库

×行江山兴业路办事处 2×20.06.27 业务章

款项内容：代扣（地税）税款　　电子税票号：711002189

小写金额：¥2300.00

大写金额：贰仟叁佰元整

纳税人编码：9133308223502038××××

纳税人名称：江山 HD 板材有限公司

税种	所属时期	纳税金额	备注
房产税	2×200601-2×201231	¥2300.00	地税

经办：朱×　　复核：陈×　　打印次数：1　　打印日期 2×20.6.27

（21）6 月 30 日，支付银行第二季度流动资金贷款利息。

中国工×银行计收利息清单（支款通知）

2×20 年 6 月 30 日

<table>
<tr><td>户名</td><td colspan="5">江山 HD 板材有限公司</td><td>账号</td><td>330019005603550××××</td></tr>
<tr><td colspan="2">计息起止时间</td><td colspan="4">2×20 年 4 月 1 日至 2×20 年 6 月 30 日</td><td colspan="2" rowspan="5">左列贷款利息业已从你单位账户扣付

（银行盖章）
转账日期：2×20 年 6 月 30 日

中国工×银行
江山兴业办事处
2×20.06.30
转讫</td></tr>
<tr><td rowspan="3">贷款种类</td><td>贷款账号</td><td>计息日贷款余额</td><td>计息积数</td><td>月利率</td><td>计收利息金额</td></tr>
<tr><td>115</td><td>500000.00</td><td>500000.00</td><td>2.4‰</td><td>3600.00</td></tr>
<tr><td></td><td></td><td></td><td></td><td></td></tr>
<tr><td colspan="2">利息金额人民币（大写）</td><td colspan="2">叁仟陆佰元整</td><td colspan="2">百 千 万 千 百 十 元 角 分
¥ 3 6 0 0 0 0</td></tr>
</table>

（22）6 月 30 日，分配本月职工薪酬。其中，生产工人工资按照生产工时在产品间进行分配（S01 板材生产工时 1100 小时，C02 板材生产工时 900 小时）。

工资费用分配表

2×20 年　月　日

项目	产品	定额工时	分配率	分摊金额
生产工人工资	S01 板材			
	C02 板材			
	合计			
车间管理人员工资				
销售部人员工资				
行政部人员工资				
合　计				

复核：王×　　　　　　　　制表：李×

（23）6 月 30 日，支付本月水费。

水费计算分配表

2×20 年　月　日

单位部门	自来水	
	数量/吨	金额/元
行政管理部	300	900
销售部	200	600
生产车间	1500	4500
合计	2000	6000

复核：王×　　　　　　　　制表：李×

浙江增值税专用发票

030455056778　　（全国统一发票监制章 浙江 国家税务总局监制）　　№ 06731158

发 票 联

开票日期：2×20年6月30日

××函[2018]340号　××东港安全印刷有限公司

购买方	名　　称：江山HD板材有限公司 纳税人识别号：913330822350203８×××× 地 址、电 话：江山市经济开发区兴业路88×号 05704331××× 开户行及帐号：×行兴业路办事处 330019005603550××××					密码区	1139−1<9−7−616663848<032/52 >9/29522−49741556<8−30246879 >82906−24234521728−47−6<432 >2*−/>*>7/5924*822+1++7+899	
货物或应税劳务、服务名称	规格型号	单位	数量	单价	金额	税率	税额	
水		吨	2000	3.00	6000.00	3%	180.00	
合　　计					¥6000.00		¥180.00	
价税合计（大写）	⊗陆仟壹佰捌拾元整				（小写）¥6180.00			
销售方	名　　称：江山市自来水有限公司 纳税人识别号：913308778596345×××× 地 址、电 话：江山市文成路33号 05708010××× 开户行及帐号：×行文成路办事处 456356208××××					备注	（江山市自来水有限公司 913308778596345×××× 发票专用章）	

收款人：郑×　　复核：王×　　开票人：郑×　　销货方：（章）

第三联：发票联　购买方记账凭证

托收凭证（付款通知） 5

电划

委托号码：第 03188 号

委托日期：　2×20年6月28日　　付款日期：2×20年6月30日

付款人	全　称	江山HD板材有限公司	收款人	全　称	江山市自来水有限公司
	账号或地址	330019005603550××××		账号或地址	456356208××××
	开户银行	×行兴业路办事处		开户银行	×行文成路办事处

委收金额	人民币（大写）	陆仟壹佰捌拾元整	千	百	十	万	千	百	十	元	角	分
						¥	6	1	8	0	0	0

款项内容	动力费	委托收款凭证名称		附寄单证张数	
备注：		款项收妥日期 年　月　日		收款单位开户行盖章 月　日	

（×行江山兴业路办事处 2×20.06.30 业务章）

单位主管　　会计　　复核　　记账　　付款人开户行

此联收款人开户行给收款人的回单

（24）30日，计提固定资产折旧。

固定资产折旧计算表

2×20年6月

名称	增加方式	原值/元	折旧方法	月折旧率/%	本月折旧额/元
生产部门：					
生产线	购入	418 000.00	平均年限法	0.5	2090.00
机床01	购入	150 000.00	平均年限法	0.5	750.00
机床02	购入	216 000.00	平均年限法	0.5	1080.00
机床03	购入	100 000.00	平均年限法	0.5	500.00
电脑	购入	4 500.00	平均年限法	0.3	13.50
销售部门：					
小汽车	购入	110 000.00	平均年限法	0.3	330.00
电脑	购入	4 500.00	平均年限法	0.3	13.50
行政管理部门：					
小汽车	购入	180 000.00	平均年限法	0.3	540.00
电脑	购入	9 000.00	平均年限法	0.3	27.00
打印一体机	购入	4 000.00	平均年限法	0.3	12.00
合计		1 196 000.00			5356.00

（25）6 月 30 日，支付本月电费。

电费计算分配表

2×20 年 6 月

单位 部门	用电	
	数量/度	金额/元
行政管理部	400	440.00
销售部	300	330.00
生产车间	2000	2200.00
合计	2700	2970.00

复核：王×　　　　　　　　制表：李×

浙江增值税专用发票

（全国统一发票监制章　浙江　国家税务总局监制）

030455056778　　　　　　　　№ 06731158

发　票　联

开票日期：2×20 年 6 月 30 日

购买方	名　　称：江山 HD 板材有限公司 纳税人识别号：9133308223502038×××× 地 址、电 话：江山市经济开发区兴业路 88×号 05704331××× 开户行及帐号：×行兴业路办事处 330019005603550××××	密码区	1139−1<9−7−616663848<032/52 >9/29522−49741556<8−30246879 >82906−24234521728−47−6<432 >2*−/>*>7/5924*822+1++7+899

货物或应税劳务、服务名称	规格型号	单位	数量	单价	金额	税率	税额
电力		度	2700	1.10	2970.00	13%	386.10
合　　计					¥2970.00		¥386.10
价税合计（大写）	⊗叁仟叁佰伍拾陆元壹角				（小写）¥3356.10		

销售方	名　　称：浙江 DL 有限公司江山市分公司 纳税人识别号：913255780987×××× 地 址、电 话：江山市江滨路 33 号 05708018××× 开户行及帐号：×行江滨路办事处 45635626××××	备注	

收款人：周×　　复核：王×　　开票人：周×　　销货单位：（章）

（发票专用章：浙江DL有限公司江山市分公司　913255780987××××　发票专用章）

××函[2018]340号　××东港安全印刷有限公司

第三联：发票联　购买方记账凭证

电划　托收凭证（付款通知）　5

委托号码：第 03188 号

委托日期：　2×20 年 6 月 29 日　　　　付款日期：　2×20 年 6 月 30 日

付款人	全　称	江山 HD 板材有限公司	收款人	全　称	浙江 DL 有限公司江山市分公司
	账号或地址	330019005603550××××		账号或地址	45635626××××
	开户银行	×行兴业路办事处		开户银行	×行江滨路办事处

委收金额	人民币（大写）	叁仟叁佰伍拾陆元壹角	千	百	十	万	千	百	十	元	角	分
						¥	3	3	5	6	1	0

款项内容	动力费	委托收款凭证名称		附寄单证张数	
备注：	款项收妥日期 年　月　日		收款单位开户行盖章 月　日		

（×行江山兴业路办事处　2×20.06.30　业务章）

单位主管　　会计　　复核　　记账　　付款人开户行

此联收款人开户行给收款人的回单

（26）采用全月一次加权平均法计算发出材料单位成本，根据领料单编制本月发料凭证汇总表，并结转发出材料实际成本。

发出材料成本计算表

2×20 年 6 月 30 日

<table>
<tr><td rowspan="2">材料名称</td><td colspan="2">期初结存</td><td colspan="2">本期购进</td><td rowspan="2">加权平均单价</td><td colspan="2">本期发出</td><td colspan="2">期末结存</td></tr>
<tr><td>数量</td><td>金额</td><td>数量</td><td>金额</td><td>数量</td><td>金额</td><td>数量</td><td>金额</td></tr>
<tr><td></td><td></td><td></td><td></td><td></td><td></td><td></td><td></td><td></td><td></td></tr>
<tr><td></td><td></td><td></td><td></td><td></td><td></td><td></td><td></td><td></td><td></td></tr>
<tr><td>合计</td><td></td><td></td><td></td><td></td><td></td><td></td><td></td><td></td><td></td></tr>
</table>

发料凭证汇总表

年 月 日

<table>
<tr><td colspan="2">用途
材料名称</td><td></td><td></td><td></td><td></td><td>合计</td></tr>
<tr><td rowspan="3">原材料</td><td></td><td></td><td></td><td></td><td></td><td></td></tr>
<tr><td></td><td></td><td></td><td></td><td></td><td></td></tr>
<tr><td></td><td></td><td></td><td></td><td></td><td></td></tr>
<tr><td colspan="2">合计</td><td></td><td></td><td></td><td></td><td></td></tr>
</table>

（27）6 月 30 日，按照产品生产工时分配结转本月制造费用总额（S01 板材生产工时 1100 小时，C02 板材生产工时 900 小时）。

HD 板材公司制造费用分配表

2×20 年 6 月

分配对象	分配标准	分配率	分摊额
合计			

（28）30 日，本月产品完工入库。其中，S01 板材完工 46 吨，成本 215280 元；C02 板材完工 28 吨，成本 162848 元。

完工产品成本计算单

2×20 年 6 月 30 日　　（元）

成本项目	S01 板材　(产量 46 吨)		C02 板材　(产量 28 吨)	
	总成本	单位成本	总成本	单位成本
直接材料	172500	3750	126000	4500
直接人工	31280	680	27440	980
制造费用	11500	200	9408	336
合计	215280	4680	162848	5816

会计主管：　　记账：　　制表：江×

产品入库单

2×20 年 6 月 30 日　　仓库：1号库

成品名称规格	计量单位	入库数量	单价	金额
S01板材	吨	46	4680	215280

主管：　　记账：　　保管员：　颜×

产品入库单

2×20 年 6 月 30 日　　仓库：2号库

成品名称规格	计量单位	入库数量	单价	金额
C02板材	吨	28	5816	162848

主管：　　记账：　　保管员：　颜×

（29）30 日，结转本月发出已销产品成本。其中，S01 板材 243056 元，C02 板材 568551 元。

已销产品成本计算表

2×20 年 6 月 30 日　　（元）

产品名称	计量单位	月初结存		本月入库		本月销售		期末结存	
		数量	总成本	数量	总成本	数量	总成本	数量	总成本
S01 板材	件								
C02 板材	件								
合计									

（30）30 日，计算本月城建税和教育费附加。

税费计算表

年　　月　　　　　　　　　　　　（元）

税（费）种	计税基数	税（费）率	税（费）额
城市维护建设税			
教育费附加			
合计			

复核：　　　　　　　　　　　　　　制表：

（31）30 日，将本月损益类账户结转至本年利润。

企业有关损益账户发生额汇总表

年　　月　　日

项　目	金　额
主营业务收入	
主营业务成本	
税金及附加	
其他业务收入	
其他业务成本	
营业外收入	
营业外支出	
管理费用	
销售费用	
财务费用	

三、模拟实训任务

（1）根据实训资料（二），辨别原始凭证反映的经济内容，规范填制相关原始凭证，并对相关原始凭证进行审核；

（2）根据实训资料（一）和（二），规范填制通用记账凭证；

（3）对所填制的记账凭证进行审核。

项目五　账簿登记

任务一　日记账登记

扫一扫 跟我学

子任务一　现金日记账登记

一、模拟实训目的

通过本次实训，使学生掌握库存现金日记账登记的基本内容与方法，能进行库存现金日记账的规范登记。

二、模拟实训资料

资料一：RZ公司2×20年9月“库存现金”账户的月初余额：6000元（库存现金限额为8000元），本月该公司发生关于现金收支业务的经济业务如下：

（1）1日，公司从银行提取现金2000元，备作零星开支；

（2）2日，公司采购科王×出差预借差旅费1000元，凭借款单支付现金；

（3）3日，公司出售废旧材料，收取现金800元，开出收款收据；

（4）3日，填制现金缴款单，将上述材料出售款现金送存银行；

（5）5日，公司采购科王×出差回来凭差旅费票据报销差旅费860元，余款现金退回；

（6）8日，用现金支付给销售运费400元；

（7）10日，购买办公用品等支付现金370元；

（8）12日，公司收包装物押金，收取现金2000元，开出收款收据；

（9）12日，填制现金缴款单，将上述包装物押金送存银行；

（10）15日，公司总务科李×出差预借差旅费1500元，凭借款单支付现金；

（11）18日，用现金支付给咨询费500元；

（12）22日，公司总务科李×出差归来报销差旅费1700元，不足部分现金补足；

（13）27日，现金支付管理部门的办公费320元；

（14）30日，现金支付职工生活困难补助费800元。

三、模拟实训任务

（1）根据资料（一）开设库存现金日记账，登记月初余额；

（2）根据资料（一）本月经济业务，编制上述经济业务的记账凭证（相关原始凭证略，编号从1号开始，采用收付转3类编号法）；

（3）根据记账凭证登记库存现金日记账，并结账。

库存现金日记账

年		结算凭证		摘要	收入（借方）											付出（贷方）											借或贷	结存										
月	日	类别	号数		亿	千	百	十	万	千	百	十	元	角	分	亿	千	百	十	万	千	百	十	元	角	分		亿	千	百	十	万	千	百	十	元	角	分

子任务二　银行存款日记账登记

一、模拟实训目的

通过本次实训，使学生掌握银行存款日记账登记的基本内容与方法，能进行银行存款日记账的规范登记。

二、模拟实训资料

银行存款日记账登记：

资料二：RZ 公司 2×20 年 10 月“银行存款”账户的月初余额 900000 元，本月发生关于现金收支业务的经济业务如下：

（1）1 日，企业开出现金支票号 08112，提现 2000 元备用；

（2）1 日，企业开出转账支票号 08155，支付企业招待费 3500 元；

（3）3 日，销售产品，价款 120000 元，增值税 15600 元，填制进账单号 07421，款已经存入银行；

（4）4 日，收到 HL 商贸公司签发的转账支票号 76533；系支付前欠货款 120000 元，款已经存入银行；

（5）5 日，企业开出转账支票号 08162，支付采购材料款，材料价款 100000 元，增值税 13000 元；

（6）8 日，收到投资人送来一张金额为 300000 元转账支票号 08229，系该企业的投资款，存入银行；

（7）10 日，企业开出转账支票号 08693，支付产品销售运费 5000 元；

（8）13 日，企业开出转账支票号 08694，支付前欠宇远公司货款 25846. 6 元；

（9）15 日，销售产品，价款 200000 元，增值税 26000 元，制进账单号 07433，款已经存入银行；

（10）18 日，企业经理出差预借 2000 元差旅费，开出现金支票号 0265402 号；

（11）20 日，填制还款凭证号 18933 用银行存款归还已到期的 6 个月期银行借款本金 150000 元；

（12）21 日，收转账支票号 32067 一张，系材料变价款 3000 元，公司将之送存银行；

（13）25 日，开出转账支票号 91033 支付本月电话费 1600 元；

（14）27 日，开出转账支票号 08122，支付市工程公司修理仓库费用 500 元；

（15）30 日，收银行转来的电汇凭证号 92041，系精达公司预付产品定金 5000 元。

三、模拟实训任务

（1）根据资料（二）开设银行存款日记账，登记月初余额；

（2）根据资料（二）本月经济业务，编制上述经济业务的记账凭证（相关原始凭证略，编号从1号开始，采用收付转3类编号法）；

（3）根据记账凭证登记银行存款日记账，并结账。

银行存款日记账

年		结算凭证		摘要	收入（借方）											付出（贷方）											借或贷	结存										
月	日	类别	号数		亿	千	百	十	万	千	百	十	元	角	分	亿	千	百	十	万	千	百	十	元	角	分		亿	千	百	十	万	千	百	十	元	角	分

扫一扫 跟我学

任务二　明细账登记

子任务一　数量金额式明细账登记

一、模拟实训目的

通过本次实训，使学生掌握存货类数量金额式明细账登记的基本内容与方法，能进行数量金额式账页的规范登记。

二、模拟实训资料

资料一：RZ公司2×20年9月初“原材料——甲材料”数量1000千克，单价18元。本月发生了以下与甲材料有关的收发业务：

（1）9月3日，验收入库材料800千克，单价为18.2元；

（2）9月5日，发出材料300千克；

（3）9月9日，验收入库材料500千克，单价为18.1元；

（4）9月16日，发出材料900千克；

（5）9月23日，验收入库材料900千克，单价为18.3元；

（6）9月26日，发出材料1000千克；

（7）9月29日，验收入库材料360千克，单价为18.2元。

三、模拟实训任务

（1）根据上述资料（一），采用先进先出法计算发出存货成本，并登记甲材料数量金额式明细账，结出余额；

（2）根据上述资料（一），采用月末一次加权平均法计算发出存货成本，并登记甲材料数量金额式明细账，结出余额。

数量金额式明细账

品名：　　　　　　　　　　　　规格：　　　　　　　　　　计量单位：

年		凭证号		摘　要	收入（借方）											发出（贷方）											借或贷	结　存										
月	日	字	号		数量	单价	百	十	万	千	百	十	元	角	分	数量	单价	百	十	万	千	百	十	元	角	分		数量	单价	百	十	万	千	百	十	元	角	分

子任务二　多栏式明细账登记

一、模拟实训目的

通过本次实训，使学生掌握成本费用类多栏式明细账登记的基本内容与方法，能进行多栏式账页的规范登记。

二、模拟实训资料

资料二：YC 公司 2×20 年 9 月初“生产成本——甲产品”期初余额为 50000

元（其中，直接材料 25000 元，直接人工 21000 元，制造费用 4000 元），“生产成本——乙产品”期初余额为 30000 元（其中，直接材料费 16000 元，直接人工费 12000 元，制造费用 2000 元），本月发生如下与生产成本、制造费用及期间费用有关的业务：

（1）9 月 2 日，银行存款支付业务招待费 3000 元；

（2）9 月 5 日，现金购买行政管理部门办公用品 400 元；

（3）9 月 5 日，现金支付产品运费 300 元；

（4）9 月 5 日，生产甲产品领用 A 材料 30000 元，生产乙产品领用 A 材料 20000 元，车间一般消耗甲材料 1000 元；

（5）9 月 6 日，银行存款支付办理商业汇票手续费 50 元；

（6）9 月 6 日，银行存款支付咨询费 1000 元；

（7）9 月 7 日，银行存款支付本月短期借款利息 1600 元；

（8）9 月 10 日，计提本月职工工资，其中甲产品生产工人工资 60000 元，乙产品生产工人工资 30000 元，车间管理人员工资 20000 元，行政管理人员工资 30000 元，销售部门人员工资 60000 元；

（9）9 月 13 日，报销总务科王×差旅费 1500 元；

（10）9 月 16 日，银行存款支付产品广告费 6000 元；

（11）9 月 20 日，存款支付本月水电费。其中，车间 1200 元，行政管理部门 800 元；

（12）9 月 28 日，计提本月固定资产折旧。其中，车间固定资产折旧费 800 元，行政管理部门固定资产折旧 900 元，销售部门固定资产折旧 300 元；

（13）月末按照生产工人工资比例分配结转本月制造费用；

（14）9 月 28 日，甲产品全部完工入库，乙产品完工入库 46000 元（其中，直接材料费 25000 元，直接人工费 18000 元，制造费用 3000 元）；

（15）月末结转本月期间费用。

三、模拟实训任务

（1）根据上述资料，登记甲、乙产品生产成本明细账、制造费用明细账，并结出完工产品成本和期末余额；

（2）根据上述资料，登记管理费用、财务费用及销售费用明细账。

多栏明细账

___级科目编号及名称：__________

___级科目编号及名称：__________

年		凭证号		摘要																																													
月	日	字	号		百	十	万	千	百	十	元	角	分	百	十	万	千	百	十	元	角	分	百	十	万	千	百	十	元	角	分	百	十	万	千	百	十	元	角	分	百	十	万	千	百	十	元	角	分

扫一扫 跟我学

任务三 总分类账与明细账平行登记

一、模拟实训目的

通过本次实训，使学生掌握三栏式总分类账及三栏式明细分类账平行登记的基本内容与方法，能进行三栏式总分类账页与明细账页的规范登记。

二、模拟实训资料

资料：RZ 公司 2×20 年 9 月初“应收账款”期初余额为 350000 元，其中应收 HY 公司 120000 元，应收 HL 公司 150000 元，应收 FM 公司 80000 元。本月发生了如下与应收账款有关的经济业务：

（1）9 月 1 日，向 HL 公司销售产品，价款 100000 元，增值税 13000 元，款未收；

（2）9 月 2 日，收回 FM 公司前欠货款 30000 元，存入银行；

（3）9 月 5 日，向 HY 公司销售产品，价款 80000 元，增值税 10400 元，款未收；

（4）9 月 8 日，收回 HL 公司货款 80000 元，存入银行；

（5）9 月 15 日，收回 HY 公司货款 100000 元，存入银行；

（6）9 月 18 日，向 NF 公司销售产品，价款 60000 元，增值税 7800 元，款未收；

（7）9 月 20 日，收回 FM 公司货款 50000 元，存入银行；

（8）9 月 26 日，收回 NF 公司货款 40000 元，存入银行。

三、模拟实训任务

（1）根据上述资料，简要编制相关记账凭证（原始凭证略，采用通用记账凭证从编号 1 开始）；

（2）根据凭证，登记应收账款的总分类账及相关明细账。

总分类账

科目名称________________

年		记账凭证		摘要	借方											贷方											借或贷	余额										
月	日	字	号		亿	千	百	十	万	千	百	十	元	角	分	亿	千	百	十	万	千	百	十	元	角	分		亿	千	百	十	万	千	百	十	元	角	分

明细分类账

一级科目名称________________

二级科目名称________________

年		记账凭证		摘要	借方										贷方										借或贷	余额									
月	日	字	号		亿	千	百	十	万	千	百	十	元	角	分	亿	千	百	十	万	千	百	十	元	角	分		亿	千	百	十	万	千	百	十	元	角	分

任务四　账簿登记综合业务

扫一扫 跟我学

一、模拟实训目的

通过本次实训，使学生掌握总分类账与日记账、明细账登记的要点，能进行总分类账与日记账、明细账规范登记。

二、模拟实训资料

资料：江山 HD 板材有限公司 2×20 年 6 月 1～30 日相关经济业务，参照项目三任务二及项目四任务二相关原始凭证与记账凭证资料。

三、模拟实训任务

（1）根据原始凭证和记账凭证逐笔登记相关日记账与明细账；

（2）根据记账凭证逐笔登记总分类账。

项目六　对账与结账

任务一　错账更正

扫一扫 跟我学

一、模拟实训目的

通过本次实训，使学生掌握错账更正的基本方法，并能根据错误类型采用合适的方法规范进行错账更正。

二、模拟实训资料

资料一：RZ 公司 2×20 年 8 月发生如下经济业务：

（1）2×20 年 8 月 3 日，收 FL 公司前欠货款 96000 元，存入银行。填制记账凭证如下，尚未登记入账。

记　账　凭　证

2×20 年　8 月　3 日　　　　记字第 12 号

摘　要	一级科目	二级科目	借方	√	贷方	√
收 FL 公司货款	银行存款		6900000			
	应收账款	FL 公司			6900000	
合　计			￥6900000		￥6900000	

附件 1 张

财会主管　　记账　　复核　　制单 张×

（2）2×20 年 8 月 6 日，开出转账支票支付车间设备的修理费 800 元，填制记账凭证如下，并已登记入账。

记　账　凭　证

2×20 年　8 月 6 日　　　　记字第 23 号

摘　　要	一级科目	二级科目	借方	√	贷方	√
			亿千百十万千百十元角分		亿千百十万千百十元角分	
支付修理费	制造费用	修理费	80000	√		
	银行存款				80000	√
合　　计			¥80000		¥80000	

附件 2 张

财会主管　　记账　　复核　　制单　张×

上海立信会计用品总公司出品 139-18

（3）2×20 年 8 月 10 日，开出转账支票，支付合同违约罚款 43000 元。填制记账凭证如下，并已登记入账。

记　账　凭　证

2×20 年　8 月 10 日　　　　记字第 50 号

摘　　要	一级科目	二级科目	借方	√	贷方	√
			亿千百十万千百十元角分		亿千百十万千百十元角分	
支付合同违约金	营业外支出	违约金	3400000	√		
	银行存款				3400000	√
合　　计			¥3400000		¥3400000	

附件 2 张

财会主管　　记账　　复核　　制单　张×

上海立信会计用品总公司出品 139-18

（4）2×20 年 8 月 16 日，开出转账支票，支付业务招待费 680 元。填制记账凭证如下，并已登记入账。

记　账　凭　证

2×20 年　8 月 16 日　　　　记字第 76 号

摘　　要	一级科目	二级科目	借方	√	贷方	√
			亿千百十万千百十元角分		亿千百十万千百十元角分	
支付业务招待费	管理费用	业务招待费	86000	√		
	银行存款				86000	√
合　　计			¥86000		¥86000	

附件 2 张

财会主管　　记账　　复核　　制单　张×

上海立信会计用品总公司出品 139-18

（5）2×20 年 8 月 20 日，开出转账支票，支付咨询费 7800 元。填制记账凭证如下，并已登记入账。

记　账　凭　证

2×20年 8月 20日　　　　记字第 86 号

摘要	一级科目	二级科目	借方（亿千百十万千百十元角分）	√	贷方（亿千百十万千百十元角分）	√
支付咨询费	管理费用	咨询费	780000	√		
	银行存款				780000	√
合　计			¥780000		¥780000	

附件 2 张

财会主管　　记账　　复核　　制单　张×

资料二：RZ 公司 2×20 年与上述业务有关的账簿登记如下：

银行存款日记账

2×20年 月	日	结算凭证 类别	号数	摘　要	收入（借方）亿千百十万千百十元角分	付出（贷方）亿千百十万千百十元角分	结存 亿千百十万千百十元角分
8	1			期初余额			23580000
				略			25390000
8	6	记	23	支付修理费		80000	25310000
				略			35670000
8	10	记	50	支付违约金		3400000	32270000
				略			48387000
8	16	记	76	支付业务招待费		86000	48301000
8	20	记	86	支付咨询费		870000	47431000

制造费用明细账

2×20年 月	日	凭证号 字	号	摘要	合计（百十万千百十元角分）	机物料消耗（百十万千百十元角分）	职工薪酬（百十万千百十元角分）	修理费（百十万千百十元角分）	其他（百十万千百十元角分）
8	3	记	21	领料	500000	500000			
8	6	记	23	支付修理费	80000			80000	
8	15	记	65	支付办公费	30000				30000
8	26	记	99	计提工资	8230000		8230000		

管理费用明细账

2×20年 月	日	凭证号 字	号	摘要	合计（百十万千百十元角分）	差旅费（百十万千百十元角分）	咨询费（百十万千百十元角分）	办公费（百十万千百十元角分）	业务招待费（百十万千百十元角分）
8	5	记	19	报销差旅费	200000	200000			
8	8	记	40	支付咨询费	230000		230000		
8	15	记	65	支付办公费	50000			50000	
8	16	记	76	支付业务招待费	86000				86000
8	20	记	86	支付咨询费	870000		870000		

明细分类账

科目名称 营业外支出

2×20年		记账凭证		摘要	借方											贷方											借或贷	余额										
月	日	字	号		亿	千	百	十	万	千	百	十	元	角	分	亿	千	百	十	万	千	百	十	元	角	分		亿	千	百	十	万	千	百	十	元	角	分
8	3	记	50	支付合同违约金					3	4	0	0	0	0	0												借					3	4	0	0	0	0	0

三、模拟实训任务

（1）根据实训资料一和资料二，判定错账的类型，并确定错账更正的方法；

（2）根据实训资料一和资料二，采用正确的错账更正方法进行规范更正。

任务二　银行存款余额调节表编制

扫一扫 跟我学

一、模拟实训目的

通过本次实训，学生能熟悉银行存款的清查方法，掌握银行存款余额调节表的编制。

二、模拟实训资料

RZ有限公司2×20年7月25～31日企业银行存款日记账账簿记录及银行对账单信息如下：

银 行 存 款 日 记 账

（元）

2×20年		凭证号	摘要	对方科目	收入	付出	结余
月	日						
7	25	……	承前页				744575
	26	银收35	销售产品	主营业务收入	150000		
	26	银收36	销售产品	主营业务收入	200300		
	27	银收37	收租金	其他业务收入	35000		
	27	银付23	采购材料	原材料		180000	
	27	银付24	购设备	固定资产		57000	
	28	银付25	购买办公用品	管理费用		600	
	28	银收38	销售产品	主营业务收入	96300		
	28	现付19	存现	库存现金	3000		
	28	银收39	收押金	其他应付款		50800	
	28	银收39	收材料销售款	其他业务收入	7640		
	29	银付27	付货款	应付账款		95108	
	29	银付28	预借差旅费	其他应收款		3500	
	29	银收41	收货款	应收账款	120000		
	29	银收42	收押金	其他应付款	6009		
	30	银付29	付咨询费	管理费用		1800	
	30	银付30	付保险费	管理费用		5709	

	30	银收 43	收货款	应收账款	46000		
	30	银收 44	销售产品	主营业务收入	12700		
	31	银付 31	付利息	财务费用		9050	
	31	银收 45	收违约金	营业外收入	5008		
	31	银付 32	预付货款	预付账款		58557	
			本月合计		681957	462124	964408

银行对账单

（元）

日期	摘要	票据号	借方	贷方	余额
2×20-7-25	承前页	……			744575
2×20-7-26	收货款	转支号 3005		200300	
2×20-7-26	收货款	转支号 6013		150000	
2×20-7-26	付货款	转支号 1033	180000		
2×20-7-26	收租金	转支号 3045		35000	
2×20-7-27	付办公用品款	现支号 3608	600		
2×20-7-27	付货款	汇票号 1064	78908		
2×20-7-27	付货款	本票号 1055	95108		
2×20-7-27	付差旅费	现支号 3699	3500		
2×20-7-27	付设备款	转支号 3046	57000		
2×20-7-28	收利息	特转号 2033		2100	
2×20-7-28	收货款	汇票号 6217		120000	
2×20-7-28	付保险费	转支号 1507	5709		
2×20-7-29	扣利息	特转号 3113	9050		
2×20-7-29	付货款	转支号 3099	67850		
2×20-7-30	收货款	委收号 1527		3335	
2×20-7-30	收货款	委收号 6334		46000	
2×20-7-30	收货款	委收号 3629		3900	
2×20-7-31	收货款	委收号 3077		96300	
2×20-7-31	扣水费	专托号 3023	6935		
2×20-7-31	扣电费	专托号 1345	2300		
	月末余额		506960	656935	894550

三、模拟实训任务

（1）将上述企业银行存款日记账账簿记录与银行对账单核对，查找未达账项；

（2）编制上述企业7月份的银行存款余额调节表，并确定该企业在7月末实际可动用的银行存款实有数额（银行存款余额调节表见下表）。

银行存款余额调节表

年　　月　　日

项目	项目
企业银行存款日记账余额	银行对账单余额
加：银行已收，企业尚未入账金额	加：企业已收，银行尚未入账金额
其中：1.	其中：1.
2.	2.
3.	3.
4.	4.
5.	5.
……	……
合计	合计
减：银行已付，企业尚未入账金额	减：企业已付，银行尚未入账金额
其中：1.	其中：1.
2.	2.
3.	3.
4.	4.
5.	5.
……	……
合计	合计
调整后企业银行日记账余额	调整后银行对账单余额
经办会计人员：	会计主管：

扫一扫跟我学

任务三　对账与结账

一、模拟实训目的

通过本次实训，使学生熟悉账账核对、账证核对要点，会编制试算平衡表，并能采用正确的方法对各类账簿进行规范结账。

二、模拟实训资料

资料：江山 HD 板材有限公司 2×20 年 6 月 1～30 日相关经济业务，参照项目三任务二原始凭证填制综合业务实训资料、项目四任务二通用记账凭证填制实训资料；项目五任务四账簿登记综合业务实训资料。

三、模拟实训任务

（1）核对凭证与各类账簿登记是否相符；

（2）核对各类日记账、明细账与总分类账登记是否相符，编制总分类账户试算平衡表；

（3）办理各类账簿月结手续。

项目七　财务报表编制

扫一扫 跟我学

一、模拟实训目的

通过本次实训，使学生掌握企业资产负债表与利润表编制。

二、模拟实训资料

资料：江山 HD 板材有限公司 2×20 年 6 月 1～30 日相关经济业务，参照项目三任务二原始凭证填制综合业务实训资料、项目四任务二通用记账凭证填制实训资料；项目五任务四账簿登记综合业务实训资料。

三、模拟实训任务

（1）根据实训资料，编制江山 HD 板材有限公司 2×20 年 6 月 30 日的资产负债表；

（2）根据实训资料，编制江山 HD 板材有限公司 2×20 年 6 月份的利润表。

项目八　综合模拟实训

一、模拟实训目的

通过本次实训，能让学生熟悉初始建账、填制和审核原始凭证、填制和审核记账凭证、登记账簿和编制报表基本方法，掌握科目汇总账务处理程序的基本运用。

二、模拟实训资料

（一）企业概况

衢州SC材料有限公司基本情况

企业名称	衢州SC材料有限公司
法人代表	王×强
会计主管	王　×
会　计	李　×
出　纳	张××　身份证：33080219861127×××× 发证机关：衢州市柯城区公安局
住址、邮编	衢州市达×路27号　324000
电　话	0570-66778×××
纳税人识别号	91333081234567××××
开户银行	工×银行达道支行
账　号	2309201
主营业务	生产、销售甲产品和乙产品
生产组织形式和工艺流程	设有一个基本生产车间，单步骤大量大批重复生产甲产品和乙产品

衢州SC材料有限公司采用以下的会计政策和核算方法：

（1）公司执行《企业会计准则》和财政部颁发的《会计基础工作规范》《会计基础工作规范说明》。

（2）公司经××市国家税务局认定为一般纳税人企业，增值税税率13%，城市维护建设税税率7%，教育费附加费率5%，企业所得税率25%（企业所得税实行查账计征，按季计算并预缴、年终汇算清缴）。

（3）存货按实际成本计价，发出存货成本采用月末一次加权平均法计算（顺算）。

（4）存货明细账数量、金额均由会计登记。

（5）职工缴费工资为2×19年平均工资。社会保险和住房公积金计缴比例：1）社会保险单位缴费比例：养老保险20%、失业保险2%、医疗保险8%、单位工伤2%、生育保险1%；2）社会保险个人缴费比例：养老保险8%、失业保险1%、医疗保险2%。3）住房公积金的单位、个人缴费比例均为8%。

（6）固定资产折旧采用直线法，按个别折旧率计提折旧。

（7）各种要素费用在月末进行分配：

1）电费按各部门用电量进行分配，产品生产动力用电按生产工时分配；

2）生产工人工资、生产工人社保费、生产工人住房公积金以及制造费用均按生产工时分配。

（8）甲、乙产品按“品种法”计算成本生产费用用约当产量法在完工产品与在产品之间进行分配。材料在生产开始时一次投入。

（9）应收账款按照期末应收账款余额百分比法计提坏账准备，计提比例为5%。

（10）采用科目汇总表核算形式，全月汇总一次。

（11）损益结转采用账结法。

注：（1）职工个人应缴纳的社会保险费、住房公积金由企业每月代扣代缴，均通过“应付职工薪酬”核算。

（2）计算单位成本和分配率若除不尽保留四位小数。

（二）2×20年11月30日有关账户余额及账页格式要求

账户余额表

总账科目	明细科目	借方余额	贷方余额	资料说明	开设账页格式
库存现金		29150.00			日记账
银行存款	×行银行存款	487100.00			日记账
应收账款		120000.00			三栏式
	开化LK材料有限公司	60000.00			
	FH物资公司	60000.00			
应收票据	开化LK材料有限公司	100000.00			
原材料		408750.00			数量金额式
	01材料	257600.00		8000千克，32.20	
	02材料	85950.00		3000千克，28.65	
	03材料	65200.00		4000千克，16.30	

续表

总账科目	明细科目	借方余额	贷方余额	资料说明	开设账页格式
生产成本		89200.00			多栏式
	基本生产成本-甲产品	55400.00		直接材料 47600.00 直接人工 4500.00 制造费用 3300.00	
	基本生产成本-乙产品	33800.00		直接材料 26000.00 直接人工 4300.00 制造费用 3500.00	
库存商品		122000.00			数量金额式
	甲产品	86800.00		280 件，310.00	
	乙产品	35200.00		160 件，220.00	
制造费用					多栏式
固定资产		7780000.00			
	生产经营用固定资产	7780000.00			
	租出固定资产				
长期待摊费用					
累计折旧			2215653.37		
应付账款			162750.00		
	华×市东阳有限公司		85000.00		
	HZL 股份有限公司		77750.00		
其他应付款			1000.00		
	存入保证金（穗×市红都有限公司）		1000.00	20 个，50.00	
应交税费		3550.00			三栏式
	应交增值税	4480.00		留抵税额	专用账页
	应交城建税				三栏式
	应交教育费附加				
	应交个人所得税		930.00		
	应交企业所得税				
实收资本			4150000.00		
资本公积			960000.00		
盈余公积			728758.01		
利润分配			479338.38		
本年利润			442250.24		
合计		9139750.00	9139750.00		

公司 2×20 年 12 月份产量资料

项目	投料程度/%	完工产量/件	在产品产量/件	完工程度/%
甲产品	100	1200	400	50
乙产品	100	1890	0	

（三）衢州 SC 材料有限公司 2×20 年 12 月 1~31 日发生的经济业务

（1）12 月 3 日，收到开化 LK 材料有限公司签发的转账支票一张，交存银行，结清上月货款。

67452424

中国建×银行转账支票　42914300

付款期限自出票之日起十天

出票日期（大写）　贰×贰零年零叁月零叁日　　付款行名称：建×银行南区支行

收款人：衢州 SC 材料有限公司　　出票人账号：2255410

人民币（大写）陆万元整	亿	千	百	十	万	千	百	十	元	角	分
				¥	6	0	0	0	0	0	0

用途：货款及定金　　密码

行号　10234

上列款项请从我账户内支付

出票人签章　开化LK材料有限公司 财务专用章　丽柯印Y

复核　记账

中国工×银行进账单（收账通知）　1

年　月　日　　XV 12247671

付款人	全称		收款人	全称	
	账号			账号	
	开户银行			开户银行	

金额	人民币（大写）	亿	千	百	十	万	千	百	十	元	角	分

票据种类		票据张数	
票据号码			

复核　记账

（交银行后视为已盖章）　中国工×银行 达道支行 转讫

开户银行盖章

此联是开户银行交给持（出）票人的回单

（2）12 月 3 日，销售部萧×双借出差费用 5000 元。

衢州 SC 材料有限公司借款单

年　　月　　日　　　　　　借 字 1 号

今借人民币（大写）	
借款原因	
部门意见	
主管批准意见	现金付讫
批准人（签章）	借款人（签章）

（3）12 月 3 日，生产车间领用原材料用于生产甲产品。

领 料 单（财会联）

领料单位：生产车间　　2×20年12月3日　　NO：130101

材料名称及规格	编号	计量单位	数量		单价	金额
			请领	实发		
01材料		千克	4600	4600		
用途	生产甲产品		领料部门		发料部门	
			负责人	领料人	核发人	发料人
				李×毅		张×洋

领 料 单（财会联）

领料单位：生产车间　　2×20年12月3日　　NO：130102

材料名称及规格	编号	计量单位	数量		单价	金额
			请领	实发		
02材料		千克	1300	1300		
用途	生产甲产品		领料部门		发料部门	
			负责人	领料人	核发人	发料人
				李×毅		张×洋

领 料 单（财会联）

领料单位：生产车间　　　　2×20年12月3日　　　　NO：130103

材料名称及规格	编号	计量单位	数量		单价	金额
			请领	实发		
03材料		千克	500	500		
用途	生产甲产品		领料部门		发料部门	
			负责人	领料人	核发人	发料人
				李×毅		张×洋

（4）12月4日，生产车间领用原材料用于生产乙产品。

领 料 单（财会联）

领料单位：生产车间　　　　2×20年12月4日　　　　NO：130104

材料名称及规格	编号	计量单位	数量		单价	金额
			请领	实发		
01材料		千克	2000	2000		
用途	生产乙产品		领料部门		发料部门	
			负责人	领料人	核发人	发料人
				李×毅		张×洋

领 料 单（财会联）

领料单位：生产车间　　　　2×20年12月4日　　　　NO：130105

材料名称及规格	编号	计量单位	数量		单价	金额
			请领	实发		
02材料		千克	1500	1500		
用途	生产乙产品		领料部门		发料部门	
			负责人	领料人	核发人	发料人
				李×毅		张×洋

领料单（财会联）

领料单位：生产车间　　　　2×20年12月4日　　　　NO：130106

材料名称及规格	编号	计量单位	数量		单价	金额
			请领	实发		
03材料		千克	500	500		
用途	生产乙产品	领料部门		发料部门		
		负责人	领料人	核发人	发料人	
			李×毅		张×洋	

（5）12月4日，采购部购买3个硒鼓600元，直接由财务部、销售部和采购部分别领用。

浙江增值税专用发票

430002057233　　（全国统一发票监制章 浙江 国家税务总局监制）　　№ 00016155

发票联　　开票日期：2×20年12月04日

购买方	名　　称：衢州SC材料有限公司 纳税人识别号：91333081234567×××× 地 址、电 话：衢州市达×路27号 057066778××× 开户行及帐号：×行达道支行　2309201				密码区	2489－1＜9－7－615943848＜ 032/52＞9/29522－49741626＜8－ 30246879＞82906－24234521728－ 47－6＜432＞2*－/＞*＞ 7/5924*811+1++7+8326	
货物或应税劳务、服务名称	规格型号	单位	数量	单价	金额	税率	税额
硒鼓		个	3	200.00	600.00	13%	78.00
合　　计					¥600.00		¥78.00
价税合计（大写）	⊗陆佰柒拾捌圆整				（小写）¥678.00		
销售方	名　　称：PL文化用品有限公司 纳税人识别号：91333086895557×××× 地 址、电 话：衢州市一×路88×号 057083458××× 开户行及帐号：×行一×支行　2855416				备注	（PL文化用品有限公司 91333086895557×××× 发票专用章）	

收款人：张×丽　　复核：李×芳　　开票人：张×丽　　销货方：（章）

（现金付讫）

第三联：发票联　购买方记账凭证

××函[2018]340号　××东港安全印刷有限公司

（6）12月5日，利用闲置资金上二级证券市场购入巨化股份10000股，作为交易性金融资产进行管理。

12/5/2×20	成交过户交割凭单　（通知联）		㊩
股东编号：	A129626488	成交证券：	巨化股份
电脑编号：	548188	成交数量：	10000（股）
公司代号：	1089	成交价格：	10.00
申请编号：	1111	成交金额：	100000.00
申报时间：	13:30:01	佣金标准：	100.00
成交时间：	13:40:28	过户费用：	5.00
上次余额：	0（股）	印花税：	0
本次成交：	10000（股）	应付金额：	100105.00
本次余额：	10000（股）	附加费用：	0
本次库存：	10000（股）	实付金额：	100105.00
经办单位：		客户签章：	

（印章：××证券交易所）

（7）12 月 6 日，从江南市 DY 有限公司购入材料，销货方代垫运费，收到如下单据。

浙江增值税专用发票

430002057234　　（印章：全国统一发票监制章 浙江 国家税务总局监制）　　№ 00015146

发票联　　开票日期：2×20 年 12 月 06 日

购买方		密码区	
名　　称：	衢州 SC 材料有限公司		2489－1＜9－7－615943848＜
纳税人识别号：	91333081234567××××		032/52＞9/29522－49741626＜8－
地 址、电 话：	衢州市达×路 27×号 057066778×××		30246879＞82906－24234521728－
开户行及帐号：	工×行达道支行　2309201		47－6＜432＞2*－/＞*＞ 7/5924*811+1++7+8326

货物或应税劳务、服务名称	规格型号	单位	数量	单价	金额	税率	税额
01 材料		千克	4000	32.35	129400.00	13%	16822.00
02 材料		千克	5000	28.95	144750.00	13%	18817.50
03 材料		千克	1000	16.25	16250.00	13%	2112.50
合　　计					¥290400.00		¥37752.00
价税合计（大写）	⊗叁拾贰万捌仟壹佰伍拾贰圆整				（小写）¥328152.00		

销售方		备注
名　　称：	江南市 DY 有限公司	（印章：江南市 DY 有限公司 91333006895467×××× 发票专用章）
纳税人识别号：	91333006895467××××	
地 址、电 话：	江南市南×路 91 号　057823458×××	
开户行及帐号：	建×行南区支行　2255410	

收款人：张×东　　复核：李×洪　　开票人：张×东　　销货方：（章）

××函[2018]340 号　××东港安全印刷有限公司

第三联：发票联　购买方记账凭证

浙江增值税专用发票

全国统一发票监制章 浙江 国家税务总局监制

430002053865　　　　　　　　№ 10012684

发　票　联

开票日期：2×20年12月06日

××函[2018]340号　××东港安全印刷有限公司

购买方	名　　称：衢州SC材料有限公司 纳税人识别号：91333081234567×××× 地　址、电　话：衢州市达×路27号 057066778××× 开户行及帐号：工×银行达道支行　2309201				密码区	2489－1<9－7－615943848< 032/52>9/29522－49741626<8 －　30246879　>　82906　－ 24234521728－47－6<432>2*－ />*>7/5924*811+1+7+8326	
货物或应税劳务、服务名称	规格型号	单位	数量	单　价	金　额	税率	税　额
材料运费		吨	10	200.00	2000.00	9%	180.00
合　计					¥2000.00		¥180.00
价税合计（大写）	⊗贰仟壹佰捌拾圆整				（小写）¥2180.00		
销售方	名　　称：江南市汽车运输公司 纳税人识别号：91333001234566×××× 地　址、电　话：江南市北岸路9×号　057823458××× 开户行及帐号：建×银行北区支行　2255435				备注	浙HA888 江南市汽车运输公司 91333001234566×××× 发票专用章	

收款人：陈×平　　复核：高×　　开票人：陈×平　　销货方：（章）

第三联：发票联　购买方记账凭证

材料采购成本计算表

2×20年12月6日　　　　（元）

材料名称	买价	采购费用					实际采购成本	单位成本	备注
		分配标准	分配率	需分配金额	不需分配金额	采购费用合计			
01材料	129400	4000		800		800	130200	32.55	按入库重量分配采购费用
02材料	144750	5000		1000		1000	145750	29.15	
03材料	16250	1000		200		200	16450	16.45	
合　计	290400	10000	0.2	2000		2000	292400		

会计主管：　　　　复核：　王×　　　　制表：李×

中国工×银行　电汇凭证　（回　单）　1

☑ 普通 ☐ 加急　　委托日期 2×20年12月6日　　XV 00647959

汇款人	全　称	衢州SC材料有限公司	收款人	全　称	江南市DY有限公司
	账　号	2309201		账　号	2255410
	汇出地点	衢州市达×路27号		汇入地点	江南市南×路91号
汇出行名称		工×银行达道支行	汇入行名称		建×行南区支行
金额	人民币（大写）叁拾叁万零叁佰叁拾贰元整				

亿	千	百	十	万	千	百	十	元	角	分
		¥	3	3	0	3	3	2	0	0

中国工×银行股份有限公司 衢州市达道支行 ★ 2×20.12.06 ★ 业务办理章

汇出行签章

支付密码

附加信息及用途

复核　　记账

此联汇出行给汇款人的回单

（8）12月7日、12月6日，从江南市DY有限公司购买的材料验收入库。

收 料 单（财会联）

供货单位：江南市DY有限公司

发票编号：00015146　　　2×20 年 12 月 7 日　　　收料第 130201 号

材料类别	材料编号	材料名称	材料规格	计量单位	数　量		实际成本			
					应收	实收	单价	金额	运费	合计
原料		01材料		千克	4000	4000	32.55	129400	800	130200
合　计										

复核：王×宏　　　收料：张×洋

收 料 单（财会联）

供货单位：江南市DY有限公司

发票编号：00015146　　　2×20 年 12 月 7 日　　　收料第 130202 号

材料类别	材料编号	材料名称	材料规格	计量单位	数　量		实际成本			
					应收	实收	单价	金额	运费	合计
原料		02材料		千克	5000	5000	29.15	144750	1000	145750
合　计										

复核：王×宏　　　收料：张×洋

收 料 单（财会联）

供货单位：江南市DY有限公司

发票编号：00015146　　　2×20 年 12 月 7 日　　　收料第 130203 号

材料类别	材料编号	材料名称	材料规格	计量单位	数　量		实际成本			
					应收	实收	单价	金额	运费	合计
原料		03材料		千克	1000	1000	16.45	16250	200	16450
合　计										

复核：王×宏　　　收料：张×洋

（9）12月7日，提取备用金1000元。

中国工×银行 现金支票存根 38914317 附加信息 出票日期：　年　月　日 收款人： 金额： 用途： 单位主管　　会计	中国工×银行现金支票　　38914317 出票日期（大写）　年　月　日　　付款行名称： 收款人：　　出票人账号： 人民币（大写）　　亿 千 百 十 万 千 百 十 元 角 分 用途：　　密码 上列款项请从　　行号 20011 我账户内支付 出票人签章 付款期限自出票之日起十天 复核　　记账

（10）12 月 7 日，车间领用材料用于生产产品。

领 料 单（财会联）

领料单位：生产车间　　　　2×20 年 12月 7 日　　　　NO：130107

<table>
<tr><td rowspan="2">材料名称及规格</td><td rowspan="2">编号</td><td rowspan="2">计量单位</td><td colspan="2">数量</td><td rowspan="2">单价</td><td rowspan="2">金额</td></tr>
<tr><td>请领</td><td>实发</td></tr>
<tr><td>01材料</td><td></td><td>千克</td><td>2000</td><td>2000</td><td></td><td></td></tr>
<tr><td></td><td></td><td></td><td></td><td></td><td></td><td></td></tr>
<tr><td></td><td></td><td></td><td></td><td></td><td></td><td></td></tr>
<tr><td rowspan="3">用途</td><td rowspan="3" colspan="2">生产甲产品</td><td colspan="2">领料部门</td><td colspan="2">发料部门</td></tr>
<tr><td>负责人</td><td>领料人</td><td>核发人</td><td>发料人</td></tr>
<tr><td></td><td>李×毅</td><td></td><td>张×洋</td></tr>
</table>

领 料 单（财会联）

领料单位：生产车间　　　　2×20 年 12月 7 日　　　　NO：130108

<table>
<tr><td rowspan="2">材料名称及规格</td><td rowspan="2">编号</td><td rowspan="2">计量单位</td><td colspan="2">数量</td><td rowspan="2">单价</td><td rowspan="2">金额</td></tr>
<tr><td>请领</td><td>实发</td></tr>
<tr><td>02材料</td><td></td><td>千克</td><td>2000</td><td>2000</td><td></td><td></td></tr>
<tr><td></td><td></td><td></td><td></td><td></td><td></td><td></td></tr>
<tr><td></td><td></td><td></td><td></td><td></td><td></td><td></td></tr>
<tr><td rowspan="3">用途</td><td rowspan="3" colspan="2">生产甲产品</td><td colspan="2">领料部门</td><td colspan="2">发料部门</td></tr>
<tr><td>负责人</td><td>领料人</td><td>核发人</td><td>发料人</td></tr>
<tr><td></td><td>李×毅</td><td></td><td>张×洋</td></tr>
</table>

领 料 单（财会联）

领料单位：生产车间　　　　2×20 年 12月 7 日　　　　NO：130109

<table>
<tr><td rowspan="2">材料名称及规格</td><td rowspan="2">编号</td><td rowspan="2">计量单位</td><td colspan="2">数量</td><td rowspan="2">单价</td><td rowspan="2">金额</td></tr>
<tr><td>请领</td><td>实发</td></tr>
<tr><td>01材料</td><td></td><td>千克</td><td>1400</td><td>1400</td><td></td><td></td></tr>
<tr><td></td><td></td><td></td><td></td><td></td><td></td><td></td></tr>
<tr><td></td><td></td><td></td><td></td><td></td><td></td><td></td></tr>
<tr><td rowspan="3">用途</td><td rowspan="3" colspan="2">生产乙产品</td><td colspan="2">领料部门</td><td colspan="2">发料部门</td></tr>
<tr><td>负责人</td><td>领料人</td><td>核发人</td><td>发料人</td></tr>
<tr><td></td><td>李×毅</td><td></td><td>张×洋</td></tr>
</table>

领 料 单（财会联）

领料单位：生产车间　　　　2×20 年 12月 7 日　　　　NO：130110

材料名称及规格	编号	计量单位	数量		单价	金额
			请领	实发		
02材料		千克	1900	1900		
用途	生产乙产品		领料部门		发料部门	
			负责人	领料人	核发人	发料人
				李×毅		张×洋

领 料 单（财会联）

领料单位：生产车间　　　　2×20 年 12月 7 日　　　　NO：130111

材料名称及规格	编号	计量单位	数量		单价	金额
			请领	实发		
03材料		千克	400	400		
用途	生产乙产品		领料部门		发料部门	
			负责人	领料人	核发人	发料人
				李×毅		张×洋

（11）12 月 8 日，支付 LJ 日报广告有限公司广告费。

浙江增值税专用发票

430002053865　　　　（全国统一发票监制章 浙江 国家税务总局监制）　　　　№ 00012465

发 票 联　　　　开票日期：2×20 年 12 月 8 日

购买方	名　　称：衢州 SC 材料有限公司 纳税人识别号：91333081234567×××× 地 址、电 话：衢州市达×路 27 号 057066778××× 开户行及帐号：工×银行达道支行　2309201				密码区	2589－1＜9－7－615946348＜ 032/52＞9/29522－49741626＜8－ 35632879＞82906－24234521728－ 47－6＜432＞2*－/＞*＞ 7/5924*811+1++7+8326	
货物或应税劳务、服务名称	规格型号	单位	数量	单价	金额	税率	税额
广告费					1000.00	6%	60.00
合　计					¥1000.00		¥60.00
价税合计（大写）	⊗壹仟壹零陆拾圆整				（小写）¥1060.00		
销售方	名　　称：LJ 日报广告有限公司 纳税人识别号：91333001234566×××× 地 址、电 话：××市北×路 9×号　057823458××× 开户行及帐号：工×银行北区支行　2255435				备注	（LJ 日报广告有限公司 91333001234566×××× 发票专用章）	

收款人：陈×平　　复核：高×　　开票人：陈×平　　销货方：（章）

××函[2018]340号 ××东港安全印刷有限公司

第三联：发票联 购买方记账凭证

中国工×银行
转账支票存根
38914309

附加信息…………

出票日期：　年　月　日

收款人：	
金额：	
用途：	

单位主管：　　会计：

（12）12月8日，销售甲产品给衢州BR有限公司。

浙江增值税专用发票

4300002058319　　浙江　　№ 40016175

此联不作报销、扣税凭证使用　　开票日期：2×20年12月8日

××函[2018]340号 ××东港安全印刷有限公司

<table>
<tr><td rowspan="4">购买方</td><td colspan="4">名　　称：衢州BR有限公司</td><td rowspan="4">密码区</td><td colspan="3" rowspan="4">3239－1＜9－7－615453848＜
032/52＞9/29872－49741626＜8－
30234879＞82906－245671728－47
－6＜432＞2*－/＞*＞
7/5924*811+1++7+8099</td></tr>
<tr><td colspan="4">纳税人识别号：91333001234567××××</td></tr>
<tr><td colspan="4">地址、电话：淮海路兴×大道101号　05703098×××</td></tr>
<tr><td colspan="4">开户行及帐号：建×银行北苑支行　2255821</td></tr>
<tr><td colspan="2">货物或应税劳务、服务名称</td><td>规格型号</td><td>单位</td><td>数量</td><td>单价</td><td>金额</td><td>税率</td><td>税额</td></tr>
<tr><td colspan="2">甲产品</td><td></td><td>件</td><td>100</td><td>450.00</td><td>45000.00</td><td>13%</td><td>5850.00</td></tr>
<tr><td colspan="2">合　　计</td><td></td><td></td><td></td><td></td><td>¥45000.00</td><td></td><td>¥5850.00</td></tr>
<tr><td colspan="2">价税合计（大写）</td><td colspan="7">⊗伍万零捌佰伍拾元整　　（小写）¥50850.00</td></tr>
<tr><td rowspan="4">销售方</td><td colspan="4">名　　称：衢州SC材料有限公司</td><td rowspan="4">备注</td><td colspan="3" rowspan="4">衢州SC材料有限公司
91333081234567××××
发票专用章</td></tr>
<tr><td colspan="4">纳税人识别号：91333081234567××××</td></tr>
<tr><td colspan="4">地址、电话：衢州市达×路27号 057066778×××</td></tr>
<tr><td colspan="4">开户行及帐号：工×银行达道支行　2309201</td></tr>
</table>

收款人：张×媚　　复核：李×　　开票人：张×媚　　销货方：（章）

第一联：记账联　销售方记账凭证

衢州SC材料有限公司成品出库单（财会联）

购货方：衢州BR有限公司　　2×20年12月8日　　NO：130601

成品名称规格	计量单位	出库数量	备注
甲产品	件	100	

主管：　　记账：　　业务员：袁×健　　保管员：张×洋

中国工×银行进账单（收账通知） 3

2×20年 12 月 8 日　　XV 12258671

付款人	全　称	衢州BR有限公司	收款人	全　称	衢州SC材料有限公司
	账　号	2255821		账　号	2309201
	开户银行	建×银行北苑支行		开户银行	工×银行达道支行

金额	亿	千	百	十	万	千	百	十	元	角	分
人民币（大写）伍万零捌佰伍拾元整				¥	5	0	8	5	0	0	0

票据种类		票据张数	
票据号码			

复核　　记账

中国工×银行 达道支行 20.12.08 转讫

开户银行盖章

此联是收款人开户银行交给收款人的收账通知

(13) 12月9日，从中国工×银行取得用于生产经营周转用资金1000000元，贷款期限5个月，年利率6%。

中国工×银行借款凭证（收账通知）

2×20 年 12 月 9 日

借款单位名称	衢州SC材料有限公司	贷款账号	131-6589	存款账号	2309201

贷款金额	千	百	十	万	千	百	十	元	角	分
人民币(大写)：壹佰万元整	¥	1	0	0	0	0	0	0	0	0

借款用途：　临时周转

约定还款期：　期限5个月　　于2×21年5月9日到期　　利率6%

上列借款已批准发放，转入你单位存款账户。

中国工×银行 达道支行 20.12.09 转讫

（银行签章）

复核：李×　　记账：张×

(14) 12月10日，支付职工李×困难补助1500元。

中国工×银行 现金支票存根 38914318

附加信息……

出票日期：　年　月　日

收款人：	
金额：	
用途：	

单位主管　　会计

中国工×银行现金支票　38914318

出票日期（大写）　年　月　日　　付款行名称：

收款人：　　出票人账号：

付款期限自出票之日起十天

人民币（大写）	亿	千	百	十	万	千	百	十	元	角	分

用途：……　　密码……

行号 20011

上列款项请从

我账户内支付

出票人签章

复核　　记账

收条

今收到：

生活困难补助壹千伍佰元整（￥1500.00）

领款人：李×

2×20 年 12 月 10 日

（15）12 月 10 日，收 FH 物资公司货款 60000 元。

中国工×银行进账单（收账通知）　**3**

2×20 年 12 月 10 日　　**XV 12258689**

付款人	全　称	FH 物资公司	收款人	全　称	衢州SC 材料有限公司
	账　号	2255798		账　号	2309201
	开户银行	建×银行北苑支行		开户银行	工×银行达道支行

金额	亿	千	百	十	万	千	百	十	元	角	分
人民币（大写）陆万元整				￥	6	0	0	0	0	0	0

票据种类		票据张数	
票据号码			

复核　　记账

中国工×银行 达道支行 20.12.10 转讫

开户银行盖章

此联是收款人开户银行交给收款人的收账通知

（16）12 月 11 日，向市红十字会捐款 5000 元。

中国工×银行转账支票存根

47814320

附加信息

出票日期：　年　月　日

收款人：	
金额：	
用途：	

单位主管　　会计

中国工×银行转账支票　　47814320

出票日期（大写）　　年　月　日　　付款行名称：

收款人：　　出票人账号：

人民币（大写）	亿	千	百	十	万	千	百	十	元	角	分

用途：　　密码

行号 20011

复核　　记账

浙江省民间组织专用收据

2×20 年 12 月 11 日　　　　No 31003398

交款单位或个人：衢州SC材料有限公司		支付方式：转账							
收入项目	标　准	金　额							
		十	万	千	百	十	元	角	分
1.会费									
2.捐赠、资助			￥	5	0	0	0	0	0
3.代收代办收款									
合　计			￥	5	0	0	0	0	0
人民币大写：伍仟元整									

单位（公章）：　　　　经办人：蒋×　　　　负责人：江×

（17）12 月 11 日，通过银行代发工资。

职工薪酬汇总表

2×20 年 12 月 11 日　　　　（元）

部门		基本工资	岗位工资	奖金	应付工资	代扣款项				实发工资
						养老保险	医疗保险	失业保险	住房公积金	
车间	生产人员	21000	6400	16000	43400	3255	814	407	3255	35669
	管理人员	17800	5600	10000	33400	2505	626	313	2505	27451
行政部门		20000	8000	8000	36000	2244	561	280.5	2244	30670.5
销售部门		16000	6000	12000	34000	2176.8	544.2	272.1	2176.8	28830.1
合计		74800	26000	46000	146800	10180.8	2545.2	1272.6	10180.8	122620.6

中国工×银行
转账支票存根
38914309

附加信息……………………

出票日期：　年　月　日

收款人：	
金额：	
用途：	

单位主管：　　　　会计：

（18）12月12日、12月8日，销售甲产品给衢州BR有限公司的甲产品由于质量不符合合同要求，发生销售退货，货款一并退给衢州BR有限公司，已通过银行办好退款手续。退回的甲产品已经办好入库手续。

浙江增值税专用发票

（全国统一发票监制章　浙江　国家税务总局监制）

430002058319　　　　№ 40016180

此联不作报销、扣税凭证使用　　开票日期：2×20年12月12日

××函[2018]340号　××东港安全印刷有限公司

购买方	名　　称：衢州BR有限公司 纳税人识别号：91333001234567×××× 地址、电话：淮海路兴华大道101号　05703098456 开户行及帐号：建×银行北苑支行　2255821				密码区	3239－1＜9－7－615453848＜032/52＞9/29872－49741626＜8－30234879＞82906－245671728－47－6＜432＞2*－/＞*＞7/5924*811+1++7+8099	
货物或应税劳务、服务名称	规格型号	单位	数量	单价	金额	税率	税额
甲产品		件	-100	450.00	-45000.00	13%	-5850.00
合　　计					¥-45000.00		¥-5850.00
价税合计（大写）	⊗伍万零捌佰伍拾元整				（小写）¥-50850.00		
销售方	名　　称：衢州SC材料有限公司 纳税人识别号：91333081234567×××× 地址、电话：衢州市达×路27号 057066778××× 开户行及帐号：工×银行达道支行　2309201				备注	（衢州SC材料有限公司 91333081234567×××× 发票专用章）	

收款人：张×媚　　复核：李×　　开票人：张×媚　　销货方：（章）

第一联：记账联　销售方记账凭证

中国工×银行　电汇凭证（回　单）　1

☑ 普通　☐ 加急　　委托日期 2×20年12月12日　　XV 00648198

汇款人	全　称	衢州SC材料有限公司	收款人	全　称	衢州BR有限公司
	账　号	2309201		账　号	2255821
	汇出地点	衢州市达道路27×号		汇入地点	建×银行北苑支行
汇出行名称		工×银行达道支行	汇入行名称		建×银行南区支行
金额	人民币（大写）伍万零捌佰伍拾元整			亿 千 百 十 万 千 百 十 元 角 分	¥ 5 0 8 5 0 0 0
（中国工×银行股份有限公司 衢州市达道支行 2×20.12.12 业务办理章） 汇出行签章			支付密码 附加信息及用途 复核　记账		

此联汇出行给汇款人的回单

衢州SC材料有限公司成品出库单（财会联）

购货方：衢州BR有限公司　　　　2×20 年 12 月12 日　　　　NO：130602

成品名称规格	计量单位	出库数量	备注
甲产品	件	-100	博瑞公司退货

主管：　　记账：　　业务员：袁×健　　保管员：张×洋

（19）12 月 15 日，采购不需要安装固定资产。

浙江增值税专用发票

330002057234　　　　全国统一发票监制章 ×× 国家税务总局监制　　　　№ 20015328

发 票 联　　　　开票日期：2×20 年 12 月 15 日

××函[2018]340号 ××东港安全印刷有限公司

购买方	名　　称：衢州 SC 材料有限公司 纳税人识别号：91333081234567×××× 地 址、电 话：衢州市达×路 27 号 057066778××× 开户行及帐号：工×银行达道支行　2309201	密码区	2489－1＜9－7－615943848＜ 032/52＞9/29522－49741626＜8－ 30246879＞82906－24234521728－ 47 － 6 ＜ 432 ＞ 2*－/＞*＞ 7/5924*811+1++7+8326

货物或应税劳务、服务名称	规格型号	单位	数量	单 价	金 额	税率	税 额
机床		台	1	100000.00	100000.00	13%	13000.00
合　计					¥100000.00		¥13000.00
价税合计（大写）	⊗壹拾壹万叁仟圆整				（小写）¥113000.00		

销售方	名　　称：江南市 DY 有限公司 纳税人识别号：91433006895467×××× 地 址、电 话：江南市南×路 91 号　057823458××× 开户行及帐号：建×银行南区支行　2255410	备注	江南市DY有限公司 91433006895467×××× 发票专用章

收款人：张×东　　复核：李×洪　　开票人：张×东　　销售方：（章）

第三联：发票联　购买方记账凭证

固定资产验收单

2×20 年 12 月 16 日　　　　NO.0008759

资产编号	资产名称	计量单位	数量	设备价值或工程造价	设备基础及安装费用	附加费用	合计
	机床	台	1	100000.00	0	0	100000.00

资产来源	采购	预计使用年限	10 年	主要附属设备	1.
制造厂商	江南市 DY 有限公司	估计残值			2.
制造日期及编号		月折旧率			3.
工程项目或使用部门	生产车间				4.

交验部门主管：　　经办人：张×兴　　接管部门主管：　　接管人：

（20）12 月 18 日，采购需要安装固定资产。

浙江增值税专用发票

全国统一发票监制章 浙江 国家税务总局监制

330002057234　　　　№ 20015359

发 票 联　　　　开票日期：2×20 年 12 月 18 日

购买方	名　　称：衢州 SC 材料有限公司 纳税人识别号：91333081234567×××× 地 址、电 话：衢州市达×路 27 号 057066778××× 开户行及帐号：工×银行达道支行　2309201	密码区	2489－1＜9－7－615943848＜ 032/52＞9/29522－49741626＜8－ 30246879＞82906－24234521728－ 47－6＜432＞2*－/＞*＞ 7/5924*811+1++7+8326

货物或应税劳务、服务名称	规格型号	单位	数量	单　价	金　额	税率	税　额
生产设备		台	1	200000.00	200000.00	13%	26000.00
合　计					¥200000.00		¥26000.00
价税合计（大写）	⊗贰拾贰万陆仟圆整				（小写）¥226000.00		

销售方	名　　称：衢州市机械有限公司 纳税人识别号：91333006898967×××× 地 址、电 话：衢州市西×路 98 号　057023455××× 开户行及帐号：建×银行西区支行　2255750	备注	衢州市机械有限公司 91333006898967×××× 发票专用章

收款人：张×东　　复核：李×　　开票人：张×东　　销售方：（章）

××函[2018]340号 ××东港安全印刷有限公司

第三联：发票联 购买方记账凭证

（21）12 月 19 日，设备安装费结算，衢州市机械有限公司开来专用发票。

浙江增值税专用发票

全国统一发票监制章 浙江 国家税务总局监制

330002057234　　　　№ 20015367

发 票 联　　　　开票日期：2×20 年 12 月 19 日

购买方	名　　称：衢州 SC 材料有限公司 纳税人识别号：91333081234567×××× 地 址、电 话：衢州市达×路 27 号 057066778××× 开户行及帐号：工×银行达道支行　2309201	密码区	2489－1＜9－7－615943848＜ 032/52＞9/29522－49741626＜8－ 30246879＞82906－24234521728－ 47－6＜432＞2*－/＞*＞ 7/5924*811+1++7+8326

货物或应税劳务、服务名称	规格型号	单位	数量	单　价	金　额	税率	税　额
安装费		台	1	20000.00	20000.00	13%	2600.00
合　计					¥20000.00		¥2600.00
价税合计（大写）	⊗贰拾贰万贰仟陆佰圆整				（小写）¥22600.00		

销售方	名　　称：衢州市机械有限公司 纳税人识别号：91333006898967×××× 地 址、电 话：衢州市西×路 98 号　057023455××× 开户行及帐号：建×银行西区支行　2255750	备注	衢州市机械有限公司 91333006898967×××× 发票专用章

收款人：张×东　　复核：李×　　开票人：张×东　　销售方：（章）

××函[2018]340号 ××东港安全印刷有限公司

第三联：发票联 购买方记账凭证

（22）12 月 20 日，从 QZ 市机械有限公司购入的生产设备验收，并投入使用。

固定资产验收单

2×20 年 12 月 20 日　　　　NO. 0008760

<table>
<tr><td>资产编号</td><td>资产名称</td><td>计量单位</td><td>数量</td><td>设备价值或工程造价</td><td>设备基础及安装费用</td><td>附加费用</td><td>合计</td></tr>
<tr><td></td><td>机床</td><td>台</td><td>1</td><td>200000.00</td><td>20000.00</td><td>0</td><td>220000.00</td></tr>
<tr><td>资产来源</td><td colspan="2">采购</td><td>预计使用年限</td><td>10 年</td><td rowspan="4">主要附属设备</td><td colspan="2">1.</td></tr>
<tr><td>制造厂商</td><td colspan="2">QZ 市机械有限公司</td><td>估计残值</td><td></td><td colspan="2">2.</td></tr>
<tr><td>制造日期及编号</td><td colspan="2"></td><td>月折旧率</td><td></td><td colspan="2">3.</td></tr>
<tr><td>工程项目或使用部门</td><td colspan="2">生产车间</td><td></td><td></td><td colspan="2">4.</td></tr>
</table>

交验部门主管：　　经办人：张×兴　　接管部门主管：　　接管人：

（23）12 月 7 日，完工产品入库。其中，甲产品 500 件、乙产品 1000 件。

衢州SC材料有限公司成品入库单（财会联）

2×20 年 12 月 7 日　　　　NO：130301

成品名称规格	计量单位	入库数量	备注
甲产品	件	500	

主管：　　记账：　　经办人：李×强　　保管员：张×洋

衢州SC材料有限公司成品入库单（财会联）

2×20 年 12 月 7 日　　　　NO：130302

成品名称规格	计量单位	入库数量	备注
乙产品	件	1000	

主管：　　记账：　　经办人：李×强　　保管员：张×洋

（24）12 月 8 日，车间领用 03 材料用于车间一般耗用 50 千克。

领 料 单（财会联）

领料单位：生产车间　　　　2×20年 12月 8 日　　　　NO：130112

材料名称及规格	编号	计量单位	数量		单价	金额
			请领	实发		
03材料		千克	50	50		
用途	车间一般耗用		领料部门		发料部门	
			负责人	领料人	核发人	发料人
				李×毅		张×洋

（25）12 月 10 日，销售商品，收到如下单据。

购 销 合 同

合同编号：X130610

销售方：衢州 SC 材料有限公司　　　　购买方：开化 LK 材料有限公司

为保护买卖双方的合法权益，买卖双方根据《中华人民共和国合同法》的有关规定，经友好协商，一致同意签订本合同，共同遵守。

一、货物的名称、数量及价格：

货物的名称	规格型号	计量单位	数量	单 价（不含税）	金 额（不含税）	税率	价税合计
甲产品		件	150	408.00	61 200.00	13%	69 156.00
乙产品		件	100	286.00	28 600.00	13%	32 318.00

二、运输费用承担方式：运输费用由购货方承担。

三、合同总金额：合同总金额为人民币：壹拾万壹仟肆佰柒拾肆元整(¥ 101 474.00)。

四、付款条件与期限：2/10, 1/20, n/30, 最长不能超过至发货日起 3 个月（若提前付款，计算现金折扣时不考虑增值税）。

…………

卖　方：	衢州 SC 材料有限公司	买　方：	开化 LK 材料有限公司
纳税人识别号：	91333081234567××××	纳税人识别号：	91334001234567××××
授权代表：	萧×双	授权代表：	王利
开户银行、账号：	工×银行达×支行　2309201	开户银行、账号：	建×银行南区支行　2255410
地址、电话：	衢州市达道路 27　057066778×××	地址、电话：	华海路康华大道 1 号　057066884×××
日　期：	2×20 年 12 月 10 日	日　期：	2×20 年 12 月 10 日

浙江增值税专用发票

430002058319　　　　№ 40016189

此联不作报销、扣税凭证使用　　开票日期：2×20年12月10日

××函[2018]340号 ××东港安全印刷有限公司

购买方	名　　称：开化LK材料有限公司 纳税人识别号：91334001234567×××× 地 址、电 话：华海路康华大道1号　057066884××× 开户行及帐号：建×银行南区支行 2255410				密码区	1239－1＜9－7－615943848＜ 032/52＞9/29872－49741626＜8－ 30234879＞82906－24564521728－ 47－6＜432＞2*－/＞*＞ 7/5924*811+1++7+8378	
货物或应税劳务、服务名称	规格型号	单位	数量	单价	金额	税率	税额
甲产品		件	150	408.00	61 200.00	13%	7956.00
乙产品		件	100	286.00	28 600.00	13%	3718.00
合　　计					¥89800.00		¥11674.00
价税合计（大写）	⊗壹拾万壹仟肆佰柒拾肆元整				（小写）¥101474.00		
销售方	名　　称：衢州SC材料有限公司 纳税人识别号：91333081234567×××× 地 址、电 话：衢州市达道路27号 057066778××× 开户行及帐号：工×银行达道支行　2309201				备注		

收款人：张×媚　　复核：李×　　开票人：张×媚　　销货方：（章）

第一联：记账联　销售方记账凭证

（印章：全国统一发票监制章 浙江 国家税务总局监制；衢州SC材料有限公司 91333081234567×××× 发票专用章）

衢州SC材料有限公司成品出库单（财会联）

购货方：开化LK材料有限公司　　2×20年 12 月 10 日　　NO：130602

成品名称规格	计量单位	出库数量	备注
甲产品	件	150	

主管：　　记账：　　业务员：　袁×健　　保管员：　张×洋

衢州SC材料有限公司成品出库单（财会联）

购货方：开化LK材料有限公司　　2×20年 12 月 10 日　　NO：130603

成品名称规格	计量单位	出库数量	备注
乙产品	件	100	

主管：　　记账：　　业务员：　袁×健　　保管员：　张×洋

（26）12月12日，向FLD有限公司购料，将开化LK材料有限公司（本月20号到期，无息）的应收票据背书转让，余额开出支票支付。

浙江增值税专用发票

430036987276 (全国统一发票监制章 浙江 国家税务总局监制) № 51015099

发票联 开票日期：2×20年12月12日

××函[2018]340号 ××东港安全印刷有限公司

购买方	名　　称：衢州SC材料有限公司 纳税人识别号：91333081234567×××× 地 址、电 话：衢州市达道路27号 057066778××× 开户行及帐号：工×银行达道支行 2309201				密码区	2489－1＜9－7－615943848＜ 032/52＞9/29522－49741626＜8－ 30246879＞82906－24234521728－ 47 －6＜432＞2*－/＞*＞ 7/5924*811+1++7+8326		
货物或应税劳务、服务名称	规格型号	单位	数量	单价	金额	税率	税额	
01材料		千克	2000	32.40	64800.00	13%	8424.00	
02材料		千克	1000	28.90	28900.00	13%	3757.00	
合　计					¥93700.00		¥12181.00	
价税合计（大写）	⊗壹拾万伍仟捌佰捌拾壹圆整				（小写）¥105881.00			
销售方	名　　称：FLD有限公司 纳税人识别号：91134016895411×××× 地 址、电 话：新昌市华×路11号 87946××× 开户行及帐号：建×银行淮河支行 22062301				备注	FLD有限公司 91134016895411×××× 发票专用章		

收款人：陆×铭　　复核：李×洪　　开票人：陆×铭　　销货方：（章）

第三联：发票联 购买方记账凭证

中国工×银行
转账支票存根
38914318

附加信息

出票日期：　年　月　日

收款人：
金额：
用途：

单位主管：　　会计：

（27）12月14日，从FLD有限公司购买的材料验收入库。

收料单（财会联）

供货单位：FLD有限公司

发票编号：51015099　　2×20年12月14日　　收料第130204号

材料类别	材料编号	材料名称	材料规格	计量单位	数量		实际成本			
					应收	实收	单价	金额	运费	合计
原料		01材料		千克	2000	2000				

主管：　　记账：　　复核：王×宏　　收料：张×洋

收料单（财会联）

供货单位：FLD 有限公司

发票编号：51015099　　　　2×20 年 12 月 14 日　　　　收料第 130205 号

材料类别	材料编号	材料名称	材料规格	计量单位	数量		实际成本			
					应收	实收	单价	金额	运费	合计
原料		02 材料		千克	1000	1000				

主管：　　　记账：　　　复核：王×宏　　　收料：张×洋

（28）12 月 19 日，完工产品入库。其中，甲产品 700 件，乙产品 890 件。

衢州SC材料有限公司成品入库单（财会联）

2×20年12月19日　　　　NO：130303

成品名称规格	计量单位	入库数量	备注
甲产品	件	700	

主管：　　　记账：　　　经办人：李×强　　　保管员：张×洋

衢州SC材料有限公司成品入库单（财会联）

2×20年12月19日　　　　NO：130304

成品名称规格	计量单位	入库数量	备注
乙产品	件	890	

主管：　　　记账：　　　经办人：李×强　　　保管员：张×洋

（29）12 月 19 日，人力资源部李×林到北京招聘预借差旅费 5000 元。

衢州 SC 材料有限公司借款单

年　　月　　日　　　　借 字 2 号

今借人民币（大写）＿＿＿＿＿＿＿＿＿＿＿＿

借款原因＿＿＿＿＿＿＿＿＿＿＿＿

部门意见＿＿＿＿＿＿＿＿＿＿＿＿

主管批准意见＿＿＿＿＿＿＿＿＿＿＿＿

现金付讫

批准人（签章）　　　借款人（签章）

（30）12月19日，开化LK材料有限公司交来一张转账支票，结清本企业所欠全部货款。

中国工×银行转账支票　　39614328

付款期限自出票之日起十天

出票日期（大写）　　年　月　日　　付款行名称：

收款人：　　出票人账号：

人民币（大写）	亿	千	百	十	万	千	百	十	元	角	分

用途：　　密码

上列款项请从　　行号 20011

我账户内支付

出票人签章

复核　　记账

中国工×银行进账单（收账通知）　1

年　月　日　　XV 12247673

付款人	全　称		收款人	全　称	
	账　号			账　号	
	开户银行			开户银行	

金额	人民币（大写）	亿	千	百	十	万	千	百	十	元	角	分

票据种类		票据张数	
票据号码			

中国工×银行 达道支行 20.12.18 转讫

收款人开户银行签章

复核　　记账

此联是开户银行交给持（出）票人的回单

（31）12月20日，销售甲产品1000件、乙产品1500件给FLD有限公司，收到如下单据。

购 销 合 同

合同编号：X130611

销售方：衢州SC材料有限公司　　　　　　　购买方：FLD有限公司

为保护买卖双方的合法权益，买卖双方根据《中华人民共和国合同法》的有关规定，经友好协商，一致同意签订本合同，共同遵守。

一、货物的名称、数量及价格：

货物的名称	规格型号	计量单位	数量	单价（不含税）	金额（不含税）	税率	价税合计
甲产品		件	1000	405.00	405 000.00	13%	457 650.00
乙产品		件	1500	285.00	427 500.00	13%	483 075.00

二、运输费用承担方式：运输费用由购货方承担。

三、合同总金额：合同总金额为人民币：玖拾柒万肆仟零贰拾伍元整(¥940 725.00)。

四、付款结算方式：收货后通过银行进行货款结算。

…………

卖　方：	衢州SC材料有限公司	买　方：	FLD有限公司
纳税人识别号：	91333081234567××××	纳税人识别号：	91134016895411××××
授权代表：	萧×双	授权代表：	张建二
开户银行、账号：	工×银行达道支行　2309201	开户银行、账号：	建×银行淮河支行　22062301
地址、电话：	衢州市达道路27号　05706778×××	地址、电话：	新昌市华山路11号　87946×××
日　期：	2×20年12月20日	日　期：	2×20年12月20日

（印章：衢州SC材料有限公司；FLD有限公司）

浙江增值税专用发票

（印章：全国统一发票监制章 浙江 国家税务总局监制）

430002058319　　　　　　　№ 40016195

此联不作报销、扣税凭证使用　　开票日期：2×20年12月20日

××函[2018]340号 ××东港安全印刷有限公司

购买方	名称：FLD有限公司 纳税人识别号：91134016895411×××× 地址、电话：新昌市华×路11号　87946××× 开户行及帐号：建×银行淮河支行　22062301				密码区	1239－1＜9－7－615943848＜ 032/52＞9/29872－49741626＜8－ 30234879＞82906－244568921728－ 47－6＜432＞2*－/＞*＞ 7/5924*811+1++7+8378	
货物或应税劳务、服务名称	规格型号	单位	数量	单价	金额	税率	税额
甲产品		件	1000	405.00	405000.00	13%	52650.00
乙产品		件	1500	285.00	427500.00	13%	55575.00
合　计					¥832500.00		¥108225.00
价税合计（大写）	⊗玖拾肆万零柒佰贰拾伍元整				（小写）¥940725.00		
销售方	名称：衢州SC材料有限公司 纳税人识别号：91333081234567×××× 地址、电话：衢州市达道路27号 05706677×××× 开户行及帐号：工×银行达道支行　2309201				备注	（印章：衢州SC材料有限公司 91333081234567×××× 发票专用章）	

收款人：张×媚　　复核：李×　　开票人：张×媚　　销货方：（章）

第一联：记账联　销售方记账凭证

67452424

中国建×银行支票

42914322

出票日期（大写）　贰零贰零年壹拾贰月零贰拾日　　付款行名称：××淮河支行

付款期限自出票之日起十天

收款人：衢州SC材料有限公司　　出票人账号 22062301

人民币（大写）玖拾肆万零柒佰贰拾伍元整	亿	千	百	十	万	千	百	十	元	角	分
			¥	9	4	0	7	2	5	0	0

用途：货 款　　密码

行号 44554

上列款项请从
我账户内支付
出票人签章

FLD有限公司财务专用章　　刘广×章

复核　　记账

中国工×银行进账单（回单）　1

年　月　日　　XV 12247674

付款人	全　称		收款人	全　称	
	账　号			账　号	
	开户银行			开户银行	

金额	人民币（大写）	亿	千	百	十	万	千	百	十	元	角	分

票据种类		票据张数	
票据号码			

（交银行后视为已盖章）

复核　　记账　　开户银行盖章

此联是开户银行交给持（出）票人的回单

衢州SC材料有限公司成品出库单（财会联）

购货方：FLD有限公司　　2×20年 12 月 20 日　　NO：130604

成品名称规格	计量单位	出库数量	备注
甲产品	件	1000	

主管：　　记账：　　业务员：袁×健　　保管员：张×洋

衢州SC材料有限公司成品出库单（财会联）

购货方：FLD有限公司　　　　2×20年 12 月 20 日　　　　NO：130605

成品名称规格	计量单位	出库数量	备注
乙产品	件	1500	

主管：　　　　记账：　　　　业务员：　袁×健　　　　保管员：　张×洋

（32）12 月 21 日，缴交社会保险费。

社会保险费电子转账凭证

凭证号：88096611

2×20年12月21日　　　　凭证提交号：112233

付款人	全称	衢州 SC 材料有限公司	收款人	全称	衢×市税务局
	账号	2309201		账号	987654321
	开户行	工×银行达道支行		开户行	建×银行衢州市华南支行
	行号	12345		行号	28971
金额		人民币伍万伍仟玖佰玖拾肆元肆角整			¥55 994.40

摘要				收款人开户银行盖章
	代扣号：****31199，2020 年 12 月社保费			
	养老小计：35 632.80	单位养老：25 452.00	个人养老：10 180.80	
	失业小计：3 817.80	单位失业：2 545.20	个人失业：1 272.60	
	医疗小计：12 726.00	单位医疗：10 180.80	个人医疗：2 545.20	
	工伤小计：2 545.20	单位工伤：2 545.20		
	生育小计：1 272.60	单位生育：1 272.60		
	合计　：55 994.40	合计：41 995.80	合计：13 998.60	
备注	本凭证一式两联：第一联作开户银行的记账凭证，第二联交缴费单位作记账凭证。		打印次数：	转账时间：11:30:10

中国工×银行股份有限公司 衢州市达道支行 ★ 2×20.12.21 ★ 业务办理章

复核：　　　　记账：

（33）12 月 21 日，上交住房公积金。

中国工×银行浙江省分行住房公积金汇缴书

2×20 年 12 月 21 日　　　　字第 7256 号

单位名称	衢州 SC 材料有限公司			汇缴：2×20 年 12 月份
开户行	工×银行达道支行	单位账号	2309201	汇缴：　30　　人

金额	人民币（大写）：贰万叁佰陆拾壹元陆角整	千	百	十	万	千	百	十	元	角	分
				¥	2	0	3	6	1	0	0

上次汇缴		本次增加汇缴		本次减少汇缴		本次汇缴	
人数	金额	人数	金额	人数	金额	人数	金额
30	¥20 361.60					30	¥20 361.60.00
付款行		付款账号		支票号码			
××银行达道支行		2309201		——			

中国工×银行股份有限公司 衢州市达道支行 ★ 2×20.12.21 ★ 业务办理章

收款银行盖章

（34）12月22日，20日销售给FLD有限公司甲产品1000件，乙产品1500件给由于部分产品存在一定瑕疵。经双方协商，衢州SC材料有限公司同意给予FLD有限公司10%的销售折让。当日，开出红字专用发票，并退货货款，已通过银行办理。

浙江增值税专用发票

430002058319　　（全国统一发票监制章 浙江 国家税务总局监制）　　№ 40016205

此联不作报销、扣税凭证使用　　开票日期：2×20年12月22日

××函[2018]340号 ××东港安全印刷有限公司

购买方	名　　称：FLD有限公司 纳税人识别号：91134016895411×××× 地址、电话：新昌市华×路11号　87946××× 开户行及帐号：建×银行淮河支行　2206××××				密码区	1239－1＜9－7－615943848＜032/52＞9/29872－49741626＜8－30234879＞82906－244568921728－47－6＜432＞2*－/＞*＞7/5924*811+1++7+8378	
货物或应税劳务、服务名称	规格型号	单位	数量	单价	金额	税率	税额
甲产品		件			-40500.00	13%	-5265.00
乙产品		件			-42750.00	13%	-5557.50
合　　计					¥-83250.00		¥-10822.50
价税合计（大写）	⊗玖万肆千零柒拾贰元伍角整				（小写）¥-94072.50		
销售方	名　　称：衢州SC材料有限公司 纳税人识别号：91333081234567×××× 地址、电话：衢州市达×路27号 05706677×××× 开户行及帐号：工×银行达道支行　2309201				备注	（衢州SC材料有限公司 91333081234567×××× 发票专用章）	

收款人：张×媚　　复核：李×　　开票人：张×媚　　销货方：（章）

第一联：记账联　销售方记账凭证

中国工×银行　电汇凭证（回　单）　1

☑普通 □加急　　委托日期2×20年12月22日　　XV 00648386

汇款人	全　称	衢州SC材料有限公司	收款人	全　称	FLD有限公司
	账　号	2309201		账　号	22062301
	汇出地点	衢州市达道路27号		汇入地点	建×银行淮河支行
汇出行名称		工×银行达道支行	汇入行名称		建×银行淮河支行
金额	人民币（大写）玖万肆千零柒拾贰元伍角整			亿 千 百 十 万 千 百 十 元 角 分	¥ 9 4 0 7 2 5 0
（中国工×银行股份有限公司 衢州市达道支行 ★ 2×20.12.22 ★ 业务办理章）汇出行签章			支付密码 附加信息及用途 复核　记账		

此联汇出行给汇款人的回单

（35）12 月 23 日，业务员报销业务招待费。

浙江增值税普通发票

全国统一发票监制章 浙江 国家税务总局监制

430036987276　　　　№ 71015002

发票联　　　　开票日期：2×20 年 12 月 23 日

购买方	名　　称：衢州 SC 材料有限公司 纳税人识别号：91333081234567×××× 地 址、电 话：衢州市达道路 27 号 057066778××× 开户行及帐号：工×银行达道支行　2309201				密码区	2489－1<9－7－615943848< 032/52>9/29522－49741626<8－ 30246879>82906－24234521728－ 47－6<432>2*－/>*> 7/5924*811+1++7+8326	
货物或应税劳务、服务名称	规格型号	单位	数量	单价	金额	税率	税额
餐费				850	850.00	6%	51.00
合　计					¥850.00		¥51.00
价税合计（大写）	⊗玖佰零壹圆整				（小写）¥901.00		
销售方	名　　称：华海 jQ 酒店有限公司 纳税人识别号：90134010472043×××× 地 址、电 话：华海市西×路 91 号　33458××× 开户行及帐号：建×银行南区支行　3255410				备注	华海 jQ 酒店有限公司 90134010472043×××× 发票专用章	

收款人：卢×楠　　复核：李×洪　　开票人：卢×楠　　销售方：（章）

现金收讫

××函[2018]340号 ××东港安全印刷有限公司

第二联：发票联 购买方记账凭证

（36）12 月 25 日，人力资源部报销差旅费。

差 旅 费 报 销 单

单位名称：人力资源部　　填报日期：2×20 年 12 月 25 日　　单位：元

姓名		李×林	职级	经理		出差事由	开会				备注
日期		起 止 地 点		飞机、车、船票		其 他 费 用					
月	日	起	止	类别	金额	项 目		标准	计算天数	核报金额	
12	19	衢州	北京	火车	620.00	住宿费	包干报销	400.00	5	2000.00	
12	24	北京	衢州	火车	620.00		限额报销				
						伙食补助费		100.00	6	600.00	
						市内交通补助费		80. 00	6	480.00	
						其他杂支					
小 计					1240.00	小 计				3080.00	
总计金额		肆仟壹佰贰拾元整				预支 5 000.00 核销 4320.00 退款 680.00					

主管：高洁　　部门：　　审核：　　填报人：李×

（37）12 月 27 日，汇总缴纳本月的印花税。

（5）[illegible]

[illegible]增值税专用发票

[illegible]

（6）12月[illegible]

旅 费 报 销 单

[illegible]

（7）12月[illegible]

支行名称：达道支行　　　　　　　　　　　　　　网点号：232490788

衢州电子缴税系统回单

扣款日期：2×20.12.27
清算日期：2×20.12.27

付款人名称：衢州 SC 材料有限公司
付款人账号：2309201
付款人开户银行：工×银行达道支行

中国工×银行股份有限公司
达道支行
★ 2×20.12.27 ★
票据受理专用章
收妥抵用

收款人名称：衢州市税务局
收款人账号：1654388
收款人开户银行：国家金库华城支库

款项内容：代扣税款　　　　　　　　电子税票号：1012345600
小写金额：¥300.00
大写金额：叁佰元整
纳税人编码：91333081234567××××
纳税人名称：衢州 SC 材料有限公司

税种	所属时期	纳税金额	备注
印花税	2×201201—2×201231	¥300.00	地税

经办：　　　　复核：　　　　打印次数：1　　　　打印日期

（38）12 月 30 日，支付衢州 WN 修理有限公司车间机器设备维修费。

浙江增值税专用发票

全国统一发票监制章　浙江　国家税务总局监制

430036987276　　　　　　　　№ 51015099

发　票　联

开票日期：2×20 年 12 月 30 日

××票[2018]340号　××东港安全印刷有限公司

购买方	名称：衢州 SC 材料有限公司 纳税人识别号：91333081234567×××× 地址、电话：衢州市达×路 27 号 057066778××× 开户行及帐号：工×银行达道支行　2309201	密码区	2489－1＜9－7－615943848＜ 032/52＞9/29522－49741626＜8－ 30246879＞82906－24234521728－ 47－6＜432＞2*－/＞*＞ 7/5924*811+1++7+8326

货物或应税劳务、服务名称	规格型号	单位	数量	单价	金额	税率	税额
设备维修费					1000.00	13%	130.00
合　计					¥1000.00		¥130.00
价税合计（大写）	⊗壹仟壹佰叁拾圆整				（小写）¥1130.00		

销售方	名称：衢州 WN 修理有限公司 纳税人识别号：91333086896897×××× 地址、电话：衢州市江×路 11 号　057087946××× 开户行及帐号：建×银行南区支行　22062601	备注	衢州 WN 修理有限公司 91333086896897×××× 发票专用章

收款人：陆×　　　复核：李×　　　开票人：陆×　　　销货方：（章）

第三联：发票联　购买方记账凭证

（39）12 月 31 日，计提短期借款利息。

衢州 SC 材料公司应付利息计算表

2×20 年 12 月 31 日

银行借款金额/元	年利率/%	应付利息/元
1000000.00	6	2167
合计		2167

会计主管：　　　　复核：　　　　制表：

（40）12 月 30 日，分配本月工资 146800 元。

工资分配汇总表

2×20 年 12 月　　　　（元）

产品、部门	生产车间	销售部门	管理部门	合计
生产人员	43400			43400
车间管理人员	33400			33400
销售部门		34000		34000
管理部门			36000	36000
合　计	76800	34000	36000	146800

会计主管：　　　　复核：　　　　制表：

生产工人工资分配表

2×20 年 12 月

产品名称	分配标准/小时	分配率/%	分配金额/元
甲产品	4400		19096
乙产品	5600		24304
合计	10000	4.34	43400

会计主管：　　　　复核：　　　　制表：

（41）12 月 30 日，分配社会保险费。

单位社会保险汇总表

2×20 年 12 月

产品、部门	社会保险/元
生产人员	23845.80
车间管理人员	1980.00
销售部门	2805.00
管理部门	13365.00
合　计	41995.80

生产工人社会保险费分配表

2×20 年 12 月

产品名称	分配标准/小时	分配率/%	分配金额/元
甲产品	4400		10492.15
乙产品	5600		13353.65
合　计	10000	2.38458	23845.80

会计主管：　　　　复核：　　　　制表：

（42）12 月 30 日，分配住房公积金。

单位社会保险汇总表

2×20 年 12 月

产品、部门	住房公积金/元
生产人员	5780.80
车间管理人员	480.00
销售部门	680.00
管理部门	3240.00
合　计	10180.80

生产工人住房公积金分配表

2×20 年 12 月

产品名称	分配标准/小时	分配率/%	分配金额/元
甲产品	4400		4479.55
乙产品	5600		5701.25
合 计	10000	1.01808	10180.80

会计主管： 复核： 制表：

（43）12 月 30 日，分配电费。

浙江增值税专用发票

全国统一发票监制章 浙江 国家税务总局监制

430036987276 № 42010068

发 票 联 开票日期：2×20 年 12 月 30 日

××函[2018]340号 ××衢州ABC有限公司

购买方	名 称：衢州 SC 材料有限公司 纳税人识别号：91333081234567×××× 地 址、电 话：衢州市达道路 27 号 057066778××× 开户行及帐号：工×银行达道支行 2309201	密码区	2489－1＜9－7－615943848＜ 032/52＞9/29522－49741626＜8－ 30246879＞829006－24234521728－ 47 －6 ＜ 432 ＞ 2*－ / ＞*＞ 7/5924*811+1++7+8326

货物或应税劳务、服务名称	规格型号	单位	数量	单价	金额	税率	税额
电		千瓦时	31000	0.95	29450.00	13%	3828.50
合 计					¥29450.00		¥3828.50
价税合计（大写）	⊗叁万叁仟贰佰柒拾捌圆伍角整				（小写）¥33278.50		

销售方	名 称：衢州供电公司 纳税人识别号：91333086896589×××× 地 址、电 话：衢州市银×路 12 号 05708884×××× 开户行及帐号：建×银行南区支行 22062601	备注	衢州供电公司 91333086896589×××× 发票专用章

收款人：陆× 复核：李× 开票人：陆× 销货方：（章）

第三联：发票联 购买方记账凭证

电费分配表

2×20 年 12 月

用途、部门	耗用电量/千瓦时	分配率/%	分配金额/元
生产车间动力用电	25000		23750.00
生产车间照明用电	2700		2565.00
销售部门照明用电	200		190.00
行政管理部门照明用电	3100		2945.00
合 计	31000	0.95	29450.00

会计主管： 复核： 制表：

产品电费分配表

2×20 年 12 月

产品名称	分配标准/小时	分配率/%	分配金额/元
甲产品	4400		10450.00
乙产品	5600		13300.00
合　计	10000	2.375	23750.00

会计主管：　　　　复核：　　　　制表：

（44）12 月 30 日，计提固定资产折旧。

固定资产折旧计算表

2×20 年 12 月

名称	原值	入账时间	使用年限	折旧方法	净残值率	本月折旧
生产部门：						
生产线	7100000.00	2018.06.20	10 年	直线法	5%	56208.33
车床 01	150000.00	2018.07.25	8 年	直线法	5%	1484.38
车床 02	213500.00	2018.01.18	8 年	直线法	5%	2112.76
销售部门：						
小汽车	120000.00	2018.05.18	8 年	直线法	5%	1187.50
电脑	4500.00	2020.09.21	5 年	直线法	5%	71.25
行政管理部门：						
小汽车	180000.00	2018.05.18	8 年	直线法	5%	1781.25
电脑	9000.00	2017.06.21	5 年	直线法	5%	142.50
打印一体机	3000. 00	2020.09.21	5 年	直线法	5%	47.50
合　计						63035.47

会计主管：　　　　复核：　　　　制表：

（45）12 月 30 日，结转本月发出材料成本。

发出材料成本计算表

年　月

材料名称	期初结存		本期购进		加权平均单价	本期发出		期末结存	
	数量	金额	数量	金额		数量	金额	数量	金额
01材料									
02材料									
03材料									
合计									

会计主管：　　　　复核：　　　　制表：

发出材料汇总表

领料单 共 张　　　　2×20 年 12 月

项目	01 材料		02 材料		03 材料		合计
	数量/千克	金额/元	数量/千克	金额/元	数量/千克	金额/元	
生产甲产品							
生产乙产品							
车间一般耗用							
合　计							

会计主管：　　　复核：　　　制表：

（46）12 月 30 日，分配制造费用。

制造费用分配表

2×20 年 12 月

产　品	分配标准/小时	分配率/%	分配金额/元
甲产品	4400		43580.68
乙产品	5600		55466.29
合　计	10000	9.9047	99046.97

会计主管：　　　复核：　　　制表：

（47）12 月 30 日，计算结转完工产品成本。

产品成本计算表

完工产量：1200 件

产品名称：　甲产品　　　2×20 年 12 月　　　在产品产量：400 件

摘　要	直接材料	直接人工	制造费用	合计
期初在产品成本	47600.00	4500.00	3300.00	55400.00
本月发生	327537.24	34067.70	43580.68	405185.62
本月合计	375137.24	38567.70	46880.68	460585.62
本月完工产品成本	281352.92	33058.02	40183.44	354594.38
单位成本	234.4608	27.5484	33.4862	295.4953
月末在产品成本	93784.32	5509.68	6697.24	105991.24

会计主管：　　　复核：　　　制表：

产品成本计算表

完工产量：1890 件

产品名称：　乙产品　　　　2×20 年 12 月　　　　在产品产量：0

摘　　要	直接材料	直接人工	制造费用	合计
期初在产品成本	26000.00	4300.00	3500.00	33800.00
本月发生	236363.28	43358.90	55466.29	335188.47
本月合计	262363.28	47658.90	58966.29	368988.47
本月完工产品成本	262363.28	47658.90	58966.29	368988.47
单位成本	138.8166	25.2163	31.1991	195.232
月末在产品成本	0	0	0	0

（48）12 月 31 日，结转本月销售产品成本。

销售产品成本计算表

成品出库单共　　张　　　　2×20年　12　月　　　　（元）

产品名称	计量单位	期初结存		本期完工入库		单价	本期销售		期末结存	
		数量	金额	数量	金额		数量	金额	数量	金额
甲产品	件	280	86800	1200	354594.38	298.2394				
乙产品	件	160	35200	1890	368988.47	197.1651				
合计										

会计主管：　　　　复核：　　　　制表：

（49）12 月 31 日，计提本期存货跌价准备。

存货跌价准备计提表

2×20 年 12 月 31 日

存货类别	存货名称	账面余额	可变现净值	已计提存货跌价准备	本期应补提或冲回金额
原材料	01 材料				
	02 材料				
	03 材料				
库存商品	甲产品		90000.00		
	乙产品		85000.00		
合计					

（50）12 月 31 日，计提本期坏账准备（其他应收款不计提坏账准备）。

坏账准备计提表

2×20 年 12 月 31 日

账户名称	账面余额	计提比例	应计提金额	已计提金额	本期应补提或冲回金额
应收账款					
合计					

（51）12 月 31 日，盘点现金，发现短缺 50 元，经查应由出纳员赔偿。

衢州 SC 材料有限公司现金盘点报告单

2×20 年 12 月 31 日

币别	实存金额	账存金额	对比结果		备注
			盘盈	盘亏	

会计主管：　　　　　　复核：　　　　　　制表：

（52）12 月 31 日，巨化股份收盘价为 12.8 元。

公允价值变动损益计算表

2×20 年 12 月 31 日　　　　（元）

股票名称	持有股（份）数	单位市价	账面价值	市价总额	公允价值变动损益
巨化股份		12.80			
合计					

会计主管：　　　　　　复核：　　　　　　制表：

（53）12 月 31 日，计算结转本月城建税和教育费附加。

税费计算表

年　　月　　　　　　　　　（元）

税（费）种	计税基数	税（费）率/%	税（费）额
城市维护建设税		7	
教育费附加		5	
合计			

会计主管：　　　　　　复核：　　　　　　制表：

（54）12 月 31 日，结转本月收入、费用等损益。

结转利润前损益类账户余额表

2×20 年 12 月 31 日

收入类		支出类	
账户名称	账户本期发生额	账户名称	账户本期发生额
主营业务收入		主营业务成本	
其他业务收入		其他业务成本	
公允价值变动收益		税金及附加	
投资收益		销售费用	
营业外收入		管理费用	
		财务费用	
		信用减值损失	
		资产减值损失	
		营业外支出	
合计		合计	

（55）12 月 31 日，计算结转本季企业所得税。

应交所得税计算表

编制单位：衢州SC材料有限公司　　2×20年度　　（元）

项目	账面价值	计税基础	可抵扣暂时性差异		应纳税暂时性差异		纳税调整增减额
			期初余额	期末余额	期初余额	期末余额	
捐赠支出							
业务招待费							
应收账款							
存货							

年度利润总额	应纳税所得额	应交所得税	递延所得税资产			递延所得税负债		
			期初数	期末数	本期数	期初数	期末数	本期数
所得税费用								

会计主管：　　复核：　　制表：

（56）12月31日，结转所得税费用。

（57）12月31日，结转本年利润。

（58）12月31日，经股东大会讨论通过2×20年利润分配方案，按净利润的10%计提法定盈余公积金，按净利润的10%计提任意盈余公积金，向普通股股东分配现金股利50万元。

利润分配计算表

2×20年12月31日

项　目	计提比例/%	应计提金额/元
法定盈余公积金	10	
任意盈余公积金	10	
现金股利		500000.00
合计		

会计主管：　　复核：　　制表：

三、模拟实训任务

（1）根据模拟实训资料（二）进行期初余额建账；

(2) 根据模拟实训资料（三），分析经济业务，填制和审核原始凭证，并编制记账凭证；

(3) 根据审核无误的原始及记账凭证登记日记账、明细账；

(4) 根据记账凭证编制科目汇总表，并据以登记总账；

(5) 编制公司资产负债表和利润表。

第二部分　模拟测试

第一章　总　　论

一、单项选择题

(1) 会计以（　　）作为主要的计量单位。

A. 货币　　B. 劳动量　　C. 实物　　D. 价格

(2) 下列各项中，属于会计基本职能的是（　　）。

A. 会计核算与会计预测　　B. 会计核算与会计决策

C. 会计核算和会计监督　　D. 会计核算与会计分析

(3) 由于（　　）的存在，才产生了本期与其他期间的差异，从而出现了权责发生制和收付实现制。

A. 会计主体　　B. 持续经营　　C. 会计分期　　D. 货币计量

(4) 会计人员在进行会计核算的同时，对特定主体经济活动和相关会计核算的真实性、合法性、合理性进行审查称为（　　）。

A. 会计反映职能　　B. 会计核算职能

C. 会计监督职能　　D. 会计分析职能

(5) 会计的首要职能是（　　）。

A. 会计核算　　B. 会计监督　　C. 会计控制　　D. 会计考核

(6) 下列不属于会计拓展职能的是（　　）。

A. 预测经济前景　　B. 会计核算职能

C. 参与经济决策　　D. 评价经营业绩

(7) 会计对象是（　　）。

A. 企业所有的以货币表现的资金运动

B. 企业经营活动

C. 会计核算主体

D. 资金运动的数量方面

(8) 某企业 2×20 年 6 月发生了如下经济业务：①预付下季度报刊费 20000 元；②本月销售商品货款 25000 元，款项未收；③计提本月的借款利息费用 1000 元，未支付；④预收购货定金 12000 元，货物尚未发送。以权责发生制为计算基础时，6 月份的收支净额为（　　）元。

A. 24000　　B. 16000　　C. 4000　　D. 36000

(9) 某企业 2×20 年 6 月发生了如下经济业务：①预付下季度报刊费 20000 元；②本月销售商品货款 25000 元，款存银行；③计提本月的借款利息费用 1000 元，未支付；④预收购货定金 12000 元，货物尚未发送。以收付实现制为计算基础时，6 月份的收支净额为（　　）元。

A. 24000　　B. 16000　　C. 17000　　D. 36000

(10) 企业将融资租入的固定资产体现了会计信息质量（　　）的基本要求。

A. 谨慎性　　B. 实质重于形式

C. 相关性　　D. 重要性

(11) 关于会计核算的基本前提，下列说法中不正确的是（　　）。

A. 会计基本假设包括会计主体、持续经营、会计分期和货币计量

B. 会计主体假设界定了会计核算的空间范围

C. 在我国，以公历年度作为企业的会计年度，即公历 1 月 1 日至 12 月 31 日

D. 在我国，会计的货币计量假设只以人民币作为记账本位币

(12) 下列项目中，不属于会计核算方法的是（　　）。

A. 复式记账　　B. 成本计算

C. 财产清查　　D. 进行财务分析

(13) 界定从事会计工作和提供会计信息的空间范围的会计基本前提是（　　）。

A. 会计职能　　B. 会计主体　　C. 会计内容　　D. 会计对象

(14) 存货的期末计价应选择成本与（　　）孰低法。

A. 公允价值　　B. 重置成本　　C. 可变现净值　　D. 现值

(15) 分期付款购置固定资产，固定资产入账价值应选择（　　）为基础。

A. 公允价值　　B. 重置成本　　C. 可变现净值　　D. 现值

(16) 盘盈固定资产的计价应选择（　　）为基础。

A. 公允价值　　B. 重置成本　　C. 可变现净值　　D. 现值

(17) 同一企业在不同会计期间，对于相同的交易或事项，应选择一致的会计政策，不得随意变更，体现了（　　）信息质量要求。

A. 谨慎性　　B. 相关性　　C. 可比性　　D. 重要性

(18) 企业对应收款项计提坏账准备体现了（　　）信息质量要求。

A. 谨慎性　　B. 相关性　　C. 可比性　　D. 重要性

(19) 甲企业于2×20年8月临时租入一套设备用于生产产品，9月份支付8、9、10三个月租金共计90000元，对该项租金支出正确的处理时应该（　　）。

A. 按一定的方法分摊计入8、9、10月份的制造成本

B. 全额计入8月份的制造成本

C. 全额计入10月份制造成本

D. 全额计入9月份制造成本

(20) 在遵循会计核算的基本原则，评价某些项目的（　　）时，很大程度上取决于会计人员的职业判断。

A. 真实性　　B. 完整性　　C. 重要性　　D. 可比性

二、多项选择题

(1) 下列有关会计基本职能的叙述中，正确的是（　　）。

A. 会计核算是会计监督的基础

B. 会计监督是会计核算的质量保障

C. 会计核算与会计监督是相互抵触的

D. 会计核算与会计监督是相辅相成的

(2) 下列属于会计核算方法的是（　　）。

A. 设置会计科目和账户　　B. 复式记账

C. 会计预测与决策　　D. 填制和审核会计凭证

(3) 下列关于会计主体的说法中，正确的有（　　）。

A. 会计主体一定是法律主体

B. 会计主体可以是独立法人，也可以是非法人

C. 会计主体可以是一个企业，也可是企业中的一个特定组成部分

D. 会计主体有可能是单一企业，也可能是几个企业组成的企业集团

(4) 会计的计量属性主要包括（　　）和公允价值。

A. 历史成本　　B. 重置成本　　C. 可变现净值　　D. 现值

(5) 下列有关会计的说法中，正确的包括（　　）。

A. 本质上是一种经济管理活动　　B. 对经济活动进行核算和监督

C. 以货币为主要计量单位　　D. 核算特定主体的经济活动

(6) 下列各项中，属于会计核算基本前提的有 ( )。

A. 会计主体 B. 持续经营 C. 会计分期 D. 货币计量

(7) 下列各项中，属于会计监督审查主要内容的有 ( )。

A. 经济活动的合法性 B. 经济活动的实用性

C. 经济活动的真实性 D. 经济活动的合理性

(8) 资金运动的内容包括 ( )。

A. 资金的投入 B. 资金的循环 C. 资金的退出 D. 资金的周转

(9) 下列属于会计中期的是 ( )。

A. 年度 B. 半年度 C. 季度 D. 月度

(10) 下列业务发生后，不应计入本期费用的有 ( )。

A. 预付下季度报刊杂志费 6000 元

B. 摊销费本月负担的杂志费 2000 元

C. 本月发生房屋租金 1000 元，尚未支付

D. 支付上月水电费 3200 元

三、判断题

(1) 会计监督是一种事后监督。( )

(2) 会计主体可以是独立法人，也可以是非法人。( )

(3) 会计监督的合法性审查主要是检查各项财务收支是否符合特定对象的财务收支计划，是否有利于预算目标的实现等。( )

(4) 分公司既是会计主体，也是法律主体。( )

(5) 按照权责发生制原则的要求，凡是本期实际收到款项的收入和付出款项的费用，不论是否归属于本期，都应当作为本期的收入和费用处理。( )

四、计算分析题

(一) 会计信息质量要求认定

判定下列各项体现的会计信息质量要求。

(1) 会计处理方法前后各期保持一致不得随意变更。( )

(2) 计提存货跌价准备。( )

(3) 如实反映经济业务情况。( )

(4) 融资租赁的设备计入企业资产。( )

(5) 企业规定出差人员回来五日内必须报账。( )

(6) 预收账款不多的企业可以不单设预收账款，可以并入应收账款的贷方核算。( )

(7) 做账井井有条，便于理解。( )

（8）提供的财务会计报告有用，便于报告使用者作出决策。（　　）

（二）权责发生制与收付实现制运用

某企业 2×20 年 9 月发生如下业务，采用权责发生制和收付实现制确定 8 月份的收入、费用，并计算 9 月份的净损益，具体计算结果请填入表 1-1。

（1）本月预收销货款 5000 元，存入银行，下月发货；

（2）本月预付企业下季度的水电费 2400 元；

（3）本月销售货物 8000 元，实际收到货款 5000 元，余款下月收回；

（4）本月购入办公用品 1000 元，款项尚未支付；

（5）预付某单位的购货款 30000 元，银行存款支付；

（6）企业销售商品实现收入 50000 元，款未收到；

（7）以银行存款缴纳上月的各种税费 18000 元；

（8）销售 B 商品一批，价款 35000 元，货款已收到并存入银行；

（9）经计算，本月应交各种税费 16000 元，税款尚未支付；

（10）以银行存款支付第三季度银行借款利息 36000 元，其中 9 月份的利息为 12000 元。

表 1-1　企业净损益计算表

题号	权责发生制		收付实现制	
	收入	费用	收入	费用
1				
2				
3				
4				
5				
6				
7				
8				
9				
10				
合计				
净损益				

第二章　会计要素与会计等式

一、单项选择题

(1) 负债是指企业过去的交易或者事项形成的，预期会导致经济利益流出企业的（　　）。

A. 现时义务　B. 潜在义务　C. 过去义务　D. 未来义务

(2) 资产按照现在购买相同或者相似资产所需支付的现金或者现金等价物的金额计量，体现（　　）会计计量属性。

A. 历史成本　B. 重置成本　C. 公允价值　D. 现值

(3) 下列各项中应确认为企业资产的是（　　）。

A. 计划明年采购的大型设备　B. 腐烂变质的存货

C. 融资租出的固定资产　D. 经营出租的固定资产

(4) 下列不属于资产类的是（　　）。

A. 库存商品　B. 委托代销商品

C. 预收账款　D. 预付账款

(5) 下列哪项不构成企业的收入（　　）。

A. 销售商品收入　B. 出租包装物租金收入

C. 取得合同违约罚款收入　D. 销售原材料收入

(6) 下列不属于所有者权益的是（　　）。

A. 实收资本　B. 其他业务收入

C. 盈余公积　D. 其他综合收益

(7) 下列各项中，符合会计要素中收入定义的是（　　）。

A. 出售材料收入　B. 出售无形资产收入

C. 出售固定资产收入　D. 向购货方收回的销货代垫运费

(8) 下列关于费用的说法中正确的是（　　）。

A. 费用企业在非日常活动中发生的

B. 费用表现为资产的减少或负债的增加

C. 费用必须在实际支付现金时才可以确认

D. 费用是与向所有者分配利润有关的经济利益的总流出

(9) 下列各项（　　）不属于费用要素。

A. 销售费用　　B. 制造费用　　C. 管理费用　　D. 财务费用

(10) 关于利润，下列说法不正确的是（　　）。

A. 利润是指企业一定会计期间的经营成果

B. 企业实现了利润，表明企业的所有者权益将增加

C. 利润企业收入与费用相抵后的净额

D. 包含营业利润、利润总额和净利润三个层次

(11) 下列各项中，说法不正确的是（　　）。

A. 资产=负债+所有者权益　　B. 收入-费用=利润

C. 权益=所有者权益　　D. 资产=权益

(12) 下列各项不属于流动负债的是（　　）。

A. 预收账款　　B. 应付账款

C. 长期应付款　　D. 应付职工薪酬

(13) 下列各项属于流动资产的是（　　）。

A. 应收账款　　B. 应付账款

C. 长期股权投资　　D. 固定资产

(14) 下列各项不属于非流动资产的是（　　）。

A. 原材料　　B. 无形资产

C. 长期股权投资　　D. 固定资产

(15) 下列各项属于非流动负债的是（　　）。

A. 长期借款　　B. 应交税费

C. 长期股权投资　　D. 应付职工薪酬

(16)（　　）不属于流动负债。

A. 短期借款　　B. 应付账款

C. 预付账款　　D. 一年内到期的长期负债

(17) 企业以银行存款缴纳上个月的税费，表现为（　　）。

A. 资产内部的一增一减

B. 负债内部的一增一减

C. 一项资产增加，另一项负债增加

D. 一项资产减少，另一项负债减少

(18) 企业以银行存款偿还银行的三个月期借款，表现为（　　）。

A. 资产内部的一增一减

B. 负债内部的一增一减

C. 一项资产增加，另一项负债增加

D. 一项资产减少，另一项负债减少

（19）企业将盈余公积转增实收资本，表现为（　　）。
A. 所有者权益内部的一增一减
B. 负债内部的一增一减
C. 一项资产增加，另一项所有者权益增加
D. 一项资产减少，另一项负债减少
（20）企业开出商业承兑汇票抵付应付账款，表现为（　　）。
A. 所有者权益内部的一增一减
B. 负债内部的一增一减
C. 一项资产增加，另一项所有者权益增加
D. 一项资产减少，另一项负债减少
（21）收回应收账款，存入银行，表现为（　　）。
A. 资产内部的一增一减
B. 负债内部的一增一减
C. 一项资产增加，另一项所有者权益增加
D. 一项资产减少，另一项负债减少
（22）收到投资者投入的固定资产，表现为（　　）。
A. 一项资产增加，另一项负债增加
B. 资产内部的一增一减
C. 一项资产增加，另一项所有者权益增加
D. 一项资产减少，另一项负债减少
（23）下列各项中，不属于反映财务状况的会计要素有（　　）。
A. 资产　　B. 负债　　C. 收入　　D. 所有者权益

二、多项选择题

（1）下列各项中，反映企业经营成果的会计要素有（　　）。
A. 费用　　B. 负债　　C. 收入　　D. 所有者权益
（2）下列各项中，影响营业利润金额计量的有（　　）。
A. 主营业务收入　　B. 其他业务收入
C. 所得税费用　　D. 管理费用
（3）下列各项中，属于企业留存收益的有（　　）。
A. 股本　　B. 资本公积　　C. 盈余公积　　D. 未分配利润
（4）下列各项中，属于费用的是（　　）。
A. 其他业务成本　　B. 管理费用
C. 制造费用　　D. 主营业务收入
（5）下列各项属于资产特征的有（　　）。
A. 资产应为企业拥有或控制的资源

B. 资产是由企业拥有所有权的经济资源

C. 资产是由企业过去的交易或者事项形成的

D. 资产预计会给企业带来经济利益

(6) 下列项目中，属于期间费用的是（　　）。

A. 生产成本　　B. 管理费用　　C. 制造费用　　D. 财务费用

(7) 企业的资产来源途径包括（　　）。

A. 企业所有者投入　　B. 企业向债权人借入

C. 企业销售产品　　D. 企业购入固定资产

(8) 下列经济业务中，不会引起资产和负债同时增加的是（　　）。

A. 取得银行借款并存入银行　　B. 收到投资者投入的原材料

C. 通过银行存款支付上月的税费　　D. 提取盈余公积

(9) 下列关于“资产=负债+所有者权益”的说法，正确的是（　　）。

A. 是基本会计等式　　B. 是编制利润表的依据

C. 是静态会计等式　　D. 是编制资产负债表的依据

(10) 下列选项中，不可能发生的有（　　）。

A. 资产与负债同时增加　　B. 资产增加，所有者权益减少

C. 负债增加，所有者权益增加　　D. 负债减少，资产增加

三、判断题

(1) 企业所有的利得和损失均应计入当期损益。（　　）

(2) “资产=负债+所有者权益”是静态会计等式，是编制利润表的依据。（　　）

(3) 企业出售无形资产发生的净损失是日常活动形成的经济利益的流出，能确认为费用。（　　）

(4) “收入-费用=利润”这一会计等式，是反映财务状况的等式。（　　）

(5) 企业的所有者权益就是企业的留存收益。（　　）

四、计算分析题

(一) XG有限责任公司2×20年年初部分资产、负债及所有者权益状况如下：

(1) 生产车间厂房；　　(2) 收取的出借包装物押金；

(3) 短期持有某上市公司的股票；　　(4) 接受国家投入的资本金；

(5) 运输卡车；　　(6) 尚未缴纳的各种税金；

(7) 从银行借入的3个月期借款；　　(8) 预付的采购材料货款；

(9) 已完工入库的车床；　　(10) 应付投资者的利润；

（11）预收的销货款； （12）欠职工的工资；
（13）采购员预借的差旅费； （14）存放在银行的款项；
（15）本企业开出的商业汇票； （16）企业年末未分配利润；
（17）应收某公司拖欠的销货款； （18）购入钢材的未付款；
（19）应付电力局的电费； （20）接受外商投入的资本金；
（21）提取的盈余公积。

要求：根据所给资料，进行会计要素及科目的界定。

（二）分析经济业务发生对会计等式的影响

GD股份有限公司2×20年8月初资产为3000000元，负债为500000元，所有者权益为2500000元。该公司本月发生如下经济业务：

（1）销售产品一批，价款100000元，款存银行；
（2）用银行存款300000元购买设备一台；
（3）销售产品一批，价款200000元已收到，并存入银行；
（4）用库存现金600元支付办公用品款；
（5）销售产品一批，价款300000元，款未收；
（6）用银行存款偿还短期借款90000元；
（7）预付NF公司材料款60000元，存款支付；
（8）收到投资者投资1000000元，已存入银行；
（9）将盈余公积50000元转增注册资本金；
（10）用银行存款支付上月职工工资30000元。

要求：

（1）根据资料分析每一笔交易、事项对会计等式的影响；

（2）计算GD公司2×20年8月末的资产总额，并判定基本会计等式是否仍成立？

题号	资 产		负 债		所有者权益	
	增加额	减少额	增加额	减少额	增加额	减少额
1						
2						
3						
4						
5						
6						
7						

续表

题号	资　产		负　债		所有者权益	
	增加额	减少额	增加额	减少额	增加额	减少额
8						
9						
10						
合计						

第三章 会计科目、账户与复式记账

一、单项选择题

(1)“应付职工薪酬”科目属于（ ）类会计科目。

A. 所有者权益 B. 负债 C. 成本 D. 损益

(2) 二级明细科目是介于（ ）之间的科目。

A. 总分类科目 B. 总账与明细账

C. 总分类科目和三级明细科目 D. 子目和细目

(3) 某企业设置了“应收账款——大海公司”会计科目，在此科目中，“大海公司”属于（ ）。

A. 总分类科目 B. 一级明细科目

C. 二级明细科目 D. 三级明细科目

(4) 账户应按照（ ）设置。

A. 会计科目 B. 会计要素 C. 会计对象 D. 会计主体

(5)（ ）是对会计要素的具体内容进行分类核算的项目。

A. 会计科目 B. 会计账户 C. 会计分录 D. 会计报表

(6) 会计科目的设置应符合单位自身特点，满足单位实际需要，这一点符合（ ）原则。

A. 实用性 B. 合法性 C. 谨慎性 D. 相关性

(7)“财务费用”属于（ ）。

A. 资产类科目 B. 成本类科目

C. 负债类科目 D. 损益类科目

(8)“生产成本”科目属于（ ）类会计科目。

A. 所有者权益 B. 负债 C. 成本 D. 损益

(9) 在下列项目中，与“生产成本”属于同一类科目的是（ ）。

A. 管理费用 B. 其他业务成本

C. 制造费用 D. 财务费用

(10) 下列各项中，属于损益类账户的是（ ）。

A. 实收资本 B. 本年利润

C. 制造费用 D. 主营业务收入

（11）下列账户中，期末结转后一般无余额的账户是（　　）。
A. 银行存款　　B. 短期借款
C. 其他业务收入　　D. 盈余公积

（12）甲公司“应付账款”账户期初贷方余额20000元，本期减少发生额为15000元，该账户期末贷方余额50000元，则企业本期应付账款增加发生额为（　　）元。
A. 45000　B. 15000　C. 35000　D. 55000元

（13）甲公司“原材料”账户期初借方余额10000元，本期验收入库为35000元，该账户期末借方余额20000元，则企业本期发出原材料（　　）元。
A. 15000　B. 25000　C. 5000　D. 65000元

（14）2×20年9月30日某企业资产总额为100万元，10月份发生如下经济业务：收回应收账款20万元存入银行，以银行存款归还短期借款10万元，通过存款预付客户货款20万元。不考虑其他因素，2×20年10月末该企业资产总额为（　　）万元。
A. 80　B. 90　C. 110　D. 120

（15）某企业“应交税费”账户的期初余额为贷方1500元，本期贷方发生额3000元，借方发生额2500元，则该账户的期末余额为（　　）元。
A. 借方1000　B. 贷方1000　C. 贷方2000　D. 借方2000

（16）财政部颁布的《企业会计准则-基本准则》中明确规定，我国企业应当采用的记账方法是（　　）。
A. 增减记账法　　B. 收付记账法
C. 单式记账法　　D. 借贷记账法

（17）复式记账法是指，对每一笔经济业务事项都要在（　　）相互联系的账户中进行登记，系统地反应资金运动变化结果。
A. 一个　　B. 两个
C. 三个　　D. 两个或两个以上

（18）下列各项中，不属于所有者权益类科目的是（　　）。
A. 资产处置损益　　B. 实收资本
C. 盈余公积　　D. 本年利润

（19）成本类账户，金额要素之间的关系为（　　）。
A. 期末余额=期初借方余额+本期借方增加发生额-本期贷方减少发生额
B. 期末余额=本期增加发生额-本期减少发生额

C. 期末余额=期初贷方余额+本期贷方增加发生额-本期借方减少发生额

D. 期末余额=期初借方余额+本期贷方增加发生额-本期借方减少发生额

(20) 某企业月初的“长期借款”账户为贷方余额30万元，本月向银行借入期限为2年期借款20万元，归还以前的长期借款10万元，则本月末长期借款账户的余额为（　　）万元。

A. 借方40　B. 贷方40　C. 借方20　D. 贷方20

(21) 账户的哪一方记增加，哪一方记减少，主要取决于账户的（　　）。

A. 用途　B. 结构　C. 格式　D. 经济内容

(22) 2×20年5月31日，某企业负债总额为300万元，6月份发生如下经济业务：偿还前欠货款50万，向银行借入短期借款80万元，预收客户货款10万元。不考虑其他因素，2×20年6月30日该企业负债总额为（　　）万元。

A. 180　B. 190　C. 330　D. 340

(23) 甲公司实收资本账户期初余额300000元，本期增加发生额为150000元，该账户期末余额250000元，则企业本期减少发生额为（　　）元。

A. 200000　B. 400000　C. 500000　D. 700000

(24) 会计科目分为总分类科目和明细分类科目是依据（　　）不同为标准。

A. 反映的会计对象

B. 归属的会计要素

C. 提供信息的详细程度及其统驭关系

D. 反映的经济业务

(25) 下列会计科目中，属于损益类科目的是（　　）。

A. 主营业务成本　B. 生产成本

C. 制造费用　D. 其他应收款

二、多项选择题

(1) 在借贷记账法下，若“期末余额=期初余额+本期借方发生额-本期贷方发生额”，这属于（　　）类账户计算期末余额的公式。

A. 资产类　B. 负债类

C. 所有者权益类　D. 成本类

（2）下列各项属于复合会计分录的有（　　）。

A. 一借一贷　　B. 多借一贷　　C. 一借多贷　　D. 多借多贷

（3）下列会计分录中，属于简单会计分录的有（　　）。

A. 借：生产成本　5000
　　贷：原材料　5000

B. 借：原材料　20000
　　　应交税费　2600
　　贷：应付账款　22600

C. 借：库存现金　1000
　　贷：其他应收款　1000

D. 借：应付账款　50000
　　贷：银行存款　20000
　　　　应付票据　30000

（4）关于损益类账户，下列说法不正确的有（　　）。

A. 费用类账户的增加记借方

B. 收入类账户的增加记贷方

C. 期末无余额

D. 期末要结转到“本年利润”账户

（5）下列各项中，通过编制试算平衡表无法发现的记账错误有（　　）。

A. 某项经济业务记账时借、贷方向颠倒

B. 某项经济业务借贷方金额均少记

C. 某项经济业务漏记账

D. 某项经济业务重复记账

（6）下列关于借贷记账法的说法中正确的有（　　）。

A. 借贷记账法下，哪一方登记增加，哪一方登记减少取决于账户的性质和所记录经济内容的性质

B. 借贷记账法下，所有者权益类账户贷方登记增加，借方登记减少

C. 借贷记账法的记账规则是“有借必有贷，借贷必相等”

D. 借贷记账法下，试算平衡了，则代表账簿记录没有问题

（7）会计科目按其核算详细程度不同，可以分为（　　）。

A. 总分类科目　　B. 子目　　C. 资产类科目　　D. 明细科目

（8）试算平衡包括（　　）。

A. 期初余额试算平衡

B. 发生额试算平衡

C. 期末余额试算平衡

D. 每个账户的借方发生额合计＝每个账户的贷方发生额合计

（9）下列项目中，属于账户基本结构的有（　　）。

A. 账户的名称　　B. 减少额　　C. 增加额　　D. 余额

（10）下列账户中，借方登记增加的有（　　）。
A. 应收账款　B. 应付账款　C. 实收资本　D. 销售费用

（11）下列账户中，贷方登记增加的有（　　）。
A. 预付账款　B. 主营业务收入　C. 盈余公积　D. 应交税费

（12）下列各项属于负债的有（　　）。
A. 预收账款　B. 应付账款　C. 预付账款　D. 累计摊销

（13）借贷记账法下，账户的贷方一般登记（　　）。
A. 资产减少　B. 负债增加　C. 费用增加　D. 收入增加

三、判断题

（1）“应收账款”和“预收账款”都是资产类科目。（　　）

（2）会计科目按照提供信息的详细程度及其统驭关系，可以分为一级科目和二级科目。（　　）

（3）负债类账户的期末余额=期初余额+本期贷方发生额-本期借方发生额。（　　）

（4）借贷记账法的记账规则是“全部账户借方期末余额合计=全部账户贷方期末余额合计”。（　　）

（5）在借贷记账法下，企业为检查账户记录是否正确，可以采取发生额试算平衡和余额试算平衡两种计算平衡方法。（　　）

（6）账户的基本结构分为左、右两个方向，左方登记增加，右方登记减少。（　　）

（7）会计科目就是账户。（　　）

（8）损益类账户期末无余额。（　　）

四、业务题

（一）XD有限责任公司2×20年年初部分资产、负债及所有者权益

（1）接受投资者投入资本金；　（2）支付的包装物押金；
（3）存在银行的款项；　（4）厂房；
（5）提取的盈余公积；　（6）尚未缴纳的各种税金；
（7）从银行借入的2年期借款；　（8）应付采购材料货款；
（9）已完工入库的产品；　（10）应付投资者的利润；
（11）预收的销货款；　（12）欠职工的工资；
（13）采购员预借的差旅费；　（14）存放在保险柜的现金；
（15）本企业收到的商业汇票；　（16）企业年末未分配利润；
（17）应收某公司拖欠的销货款；　（18）购入的已入库材料。

要求：根据所给资料，进行会计科目界定。

（二）XD 有限责任公司 2×20 年 8 月末部分账户发生额及余额数据

部分账户发生额及余额表　　（元）

账户名称	期初余额		本期发生额		期末余额	
	借方	贷方	借方	贷方	借方	贷方
银行存款	120000		70000	90000	（　）	
固定资产	300000		（　）	20000	350000	
原材料	80000		60000	（　）	110000	
应付账款		100000	（　）	60000		70000
应付职工薪酬		（　）	100000	120000		30000
预收账款		50000	（　）	60000		20000
实收资本		400000	50000	100000		（　）

要求：将上表中括号里的空白处补充完整。

（三）XD 有限责任公司 2×20 年 10 月份发生的会计交易或事项

（1）用银行存款购入全新机器一台，价值 3 万元；
（2）采购一批材料已入库，价值 5 万元，款项通过银行支付；
（3）以银行存款偿还所欠某单位货款 5 万元；
（4）通过银行收到某单位前欠货款 6 万元；
（5）向银行借入流动资金借款 14 万元，并转存银行；
（6）按规定将资本公积 8 万元转为实收资本。
（7）预付南方公司材料款 6 万元，存款支付；
（8）收到投资者投资 20 万元，已存入银行；
（9）将盈余公积 5 万元转增注册资本金。
（10）用银行存款支付上月应交税费 3 万元。
要求：编制上述业务的会计分录。

（一）XF 有限责任公司 2×20 年 8 月初资产、负债和所有者权益有关科目及金额

期初余额表

2×20 年 8 月 1 日　　（元）

资产	金额	负债及所有者权益	金额
库存现金	1500	短期借款	40000
银行存款	32500	应付账款	25000
应收账款	20000	应付职工薪酬	8000
原材料	30000	其他应付款	2000
库存商品	66000	实收资本	200000
固定资产	150000	资本公积	25000
合计	300000	合计	300000

2×20 年 8 月发生如下经济业务：

（1）购入原材料一批，价值 20000 元，款未付，材料已入库；

（2）以银行存款偿还所欠货款 15000 元；

（3）归还短期借款 10000 元，银行已转账；

（4）收到投资者投资 100000 元，已存入银行；

（5）从银行提现 2000 元备用；

（6）收到投资者投资 120000 元，已存入银行；

（7）用银行存款支付上月职工工资 8000 元；

（8）收回前欠货款 20000 元，存入银行；

要求：1）编制上述业务的会计分录；2）根据上述资料，开设并登记 T 型账户（含所有账户的期初余额、借、贷方发生额及期末余额）；3）根据 T 型账户记录编制试算平衡表。

试算平衡表

2×20 年 8 月 31 日

账户名称	期初余额		本期发生额		期末余额	
	借方	贷方	借方	贷方	借方	贷方

第四章　工业企业主要经济业务核算

项目一　筹资业务核算

一、单项选择题

（1）企业计提短期借款的利息支出时，应贷记（　　）账户。

A. 应付利息　　B. 短期借款　　C. 财务费用　　D. 在建工程

（2）某企业2×20年6月30日所有者权益情况如下：实收资本1000万元，资本公积85万元，盈余公积190万元，未分配利润160万元，则该企业9月30日的留存收益为（　　）。

A. 350万元　　B. 190万元　　C. 160万元　　D. 435万元

（3）DC公司为有限责任公司，公司成立时注册资本为3000万元，公司现在接收A公司投入资本1200万元，占公司注册资本的30%，则大成公司接受A公司投资时，发生的资本溢价应为（　　）。

A. 400万元　　B. 300万元　　C. 900万元　　D. 1800万元

（4）按月计提的短期借款利息，一般应借记（　　）账户。

A. 管理费用　　B. 财务费用　　C. 应付利息　　D. 短期借款

（5）DC公司为有限责任公司，2×20年9月10日接受甲公司作为资本投入的原材料一批，该批材料投资合同约定的价值为200000元，增值税进项税额为26000元。甲公司已经开具了增值税专用发票。假设合同约定的价值和材料的公允价值相符，该进项税额允许抵扣，不考虑其他因素。DC公司在进行会计处理时应该记入实收资本科目的金额是（　　）元。

A. 200000　　B. 226000　　C. 26000　　D. 174000

（6）某企业以银行存款偿还到期的短期借款6000元，同时支付本期借款利息400元，正确的会计分录是（　　）。

A. 借：短期借款　6400
　　贷：银行存款　6400

B. 借：应付账款　6400
　　贷：银行存款　6400

C. 借：短期借款　6000
　　　应付账款　400
　　贷：银行存款　6400

D. 借：财务费用　6400
　　贷：银行存款　6400

（7）某公司2×20年7月1日向银行借入资金50万元，期限6个月，年利率为6%，到期还本，按月计提利息，按季付息。该企业7月末应计提的利息为（　　）万元。

A. 0.25　　B. 0.5　　C. 1　　D. 2

（8）2×20年12月1日，某企业向银行借入100万元的借款，期限6个月，到期一次还本付息，年利率为5%，借款利息按月预提，2×20年3月30日该短期借款的账面价值为（　　）万元。

A. 105　　B. 102.5　　C. 100　　D. 95

（9）下列各项中，对企业期末计提的短期借款利息费用的会计处理正确的是（　　）。

A. 借记“财务费用”科目，贷记“短期借款”科目

B. 借记“管理费用”科目，贷记“应付利息”科目

C. 借记“财务费用”科目，贷记“应付利息”科目

D. 借记“短期借款”科目，贷记“应付利息”科目

（10）某企业2×20年9月30日用银行存款支付本月负担的短期借款利息4000元，下列各项账务处理表述正确的是（　　）。

A. 财务费用增加4000　　B. 应付利息减少4000

C. 财务费用减少4000　　D. 应付利息增加4000

（11）某上市公司发行普通股1000万股，每股面值1元，每股发行价格4元，支付手续费10万元。该公司发行普通股计入股本的金额为（　　）万元。

A. 1000　　B. 3990　　C. 990　　D. 4000

（12）某公司委托证券公司发行股票600万股，每股面值1元，每股发行价格5元，向证券公司支付佣金200万元。该公司应贷记“资本公积——股本溢价”科目的金额为（　　）万元。

A. 2400　　B. 2200　　C. 3000　　D. 2800

二、多项选择题

（1）企业核算短期借款利息时，可能会涉及的会计科目有（　　）。

A. 短期借款　　B. 银行存款　　C. 应付利息　　D. 财务费用

（2）企业吸收投资者投资时，可能会引起下列那些账户发生变化（　　）。

A. 盈余公积　　B. 资本公积　　C. 实收资本　　D. 利润分配

（3）企业按照吸收投资的方式不同，可分为（　　）。

A. 现金资产投资　　B. 固定资产投资

C. 无形资产投资　　D. 材料投资

（4）企业实收资本增加的途径有（　　）。

A. 接收投资者追加投资　　B. 资本公积转增

C. 盈余公积转赠　　D. 利润分配

三、判断题

（1）短期借款账户核算企业向金融机构借入的短期借款本金及利息。（　　）

（2）企业发行股票产生的佣金及手续费应冲减“股本”账户金额。（　　）

（3）企业接收投资者的固定资产，应按照投资合同或协议约定的价值入账，但是投资合同或协议约定的价值不公允的除外。（　　）

（4）企业向其他企业借入的款项也可以通过“短期借款”核算。（　　）

（5）短期借款分月预提利息时，应借记财务费用，贷记银行存款。（　　）

（6）企业的短期借款利息均应在实际支付时计入当期财务费用。（　　）

四、计算分录题

（一）投入资本业务核算

（1）DC 有限责任公司 2016 年成立，注册资本为 300 万元，为增值税一般纳税人，税率 13%。2×20 年下半年发生如下资本投入业务：

1）8 月 10 日，收到开户银行转来的进账单，系 ML 商贸公司交来的投资款 50 万元，假定占 DC 公司注资资本的 10%。

2）11 月 6 日，收到 HM 公司投入的设备一台，取得对方开来的增值税专用发票，双方协议设备作价 20 万元，增值税 2.6 万元，假定双方对设备的作价与该设备公允价值是一致的，假定 HM 公司投资与占注册资本份额相等。

3）12 月 2 日，收到 RS 公司投入的一批原材料，取得对方开来的增值税专用发票，双方协议材料作价 30 万元，增值税 3.9 万元，假定双方对材料的作价与该材料公允价值是一致的，假定 RS 公司投资占 DC 公司注册资本的 8%。

要求：根据上述资料，编制 DC 公司接收投资的会计分录。

（2）2×20 年 8 月 4 日，经股东大会决议，并报有关部门核准，CF 股份有限公司增发普通股 40000 万股，每股面值 1 元，每股发行价格 5 元，支付发行费 300 万元，扣除发行费用后的余款已全部收到并存入银行。假定不考虑相关税费。

要求：进行 CF 公司增发普通股的会计处理。

（二）短期借款业务核算

（1）FL 公司 2×20 年发生下列短期借款相关业务：

1）2月1日从银行借入为期3个月的借款100000元并存入银行，借款年利率8%，利息按月计提，到期一次还本付息；

2）2月末计提本月利息；

3）3月末计提本月利息；

4）4月末通过银行存款到期归还本金及所有利息。

要求：进行FL公司上述与短期借款业务相关的会计处理。

（2）GD公司2×20年6月1日从银行借入为期6个月的借款200000元并存入银行，借款年利率10%，利息按月计提，按季支付；

要求：进行GD公司取得借款、按月计提利息、按季支付及到期归还时的会计处理。

项目二　供应过程经济业务核算

一、单项选择题

（1）企业偿还前欠购料款，贷记“银行存款”账户，借记（　　）。

A. 原材料　　B. 材料采购

C. 应付账款　　D. 其他应付款

（2）某增值税一般纳税人企业购入一台设备，买价10000元，增值税税额1700元，运杂费300元，安装调试费1000元，现已投入使用，该项固定资产的原价应为（　　）。

A. 10000元　　B. 11300元　　C. 11700元　　D. 13000元

（3）企业购买材料时发生的途中合理损耗应（　　）。

A. 由供应单位赔偿　　B. 计入材料采购成本

C. 由保险公司赔偿　　D. 计入管理费用

（4）下列各项不属于企业的存货的是（　　）。

A. 出借的包装物　　B. 半成品

C. 在产品　　D. 工程物资

（5）企业购进材料，如开出银行承兑汇票进行结算，应通过的科目是（　　）。

A. 应付票据　　B. 应收票据　　C. 应收账款　　D. 应付账款

（6）企业无论从何种途径取得的材料，入库时都要通过（　　）核算。

A. 在途物资科目　　B. 应付票据科目

C. 原材料科目　　D. 应付账款科目

（7）下列各项不是为了对固定资产进行核算而设置的会计科目的是（　　）。

A. 在建工程　　B. 工程物资　　C. 累计折旧　　D. 在途物资

(8) 某企业为增值税一般纳税人，适用的增值税税率为13%，2×20 年 6 月建造厂房领用产品实际成本 20000 元，计税价格为 30000 元，该项业务应计入在建工程成本的金额为（　　）元。

A. 20000　　B. 23900　　C. 30000　　D. 33900

(9) 甲企业购进材料 100 吨，货款计 1000000 元，装卸费 1000 元，并以银行存款支付该材料的运费 1000 元，保险费 5000 元。该材料的采购成本为（　　）元。

A. 1000000　　B. 1005000　　C. 1007000　　D. 1006000

(10) 企业下列外购设备的业务中，不应记入“在建工程”科目的是（　　）。

A. 购入需要安装的设备成本　　B. 购入不需要安装的设备成本

C. 安装过程中的安装费　　D. 安装过程中的人工费

二、多项选择题

(1) 下列各项构成企业外购材料的采购成本的内容包括（　　）。

A. 原材料买价　　B. 增值税进项税额

C. 采购人员差旅费　　D. 采购负担的运费

(2) 下列各项属于原材料采购环节会涉及的账户有（　　）。

A. 应收账款　　B. 应付票据　　C. 在途物资　　D. 应交税费

(3) 一般纳税企业购进设备一台，购买价款为 20 万元，增值税为 2.6 万元，发生装卸费和安装费加计为 3 万元，则下列表述正确的是（　　）。

A. 固定资产入账价值为 23 万元　　B. 固定资产入账价值为 25.6 万

C. 增值税 2.6 万元不计入成本　　D. 装卸费、安装费计入成本

(4) 对于采购材料过程中，对于共同性采购费用如一笔运费负担两项及以上材料运输，应采用合适标准分配计入材料采购成本，下列各项可作为共同性采购费用分配标准的有（　　）。

A. 材料的买价　　B. 材料的名称

C. 材料的重量　　D. 材料的体积

(5) 采购材料过程中采用不同的支付结算方式，可能涉及的账户有（　　）。

A. 银行存款　　B. 应付账款　　C. 预收账款　　D. 应付票据

三、判断题

(1)“固定资产”账户主要登记企业所有的固定资产的原价增减变动和结余情况。(　　)

（2）企业开出银行汇票支付材料购货款时，应通过“应付票据”账户进行核算。（　）

（3）企业购入的材料已入库，应通过“原材料”账户核算。（　）

（4）企业无论购入是否需要安装的设备等，均应通过“在建工程”账户核算。（　）

（5）采购材料过程中发生的运输途中的合理损耗，应冲减材料采购成本。（　）

四、计算分录题

（一）固定资产购置业务

HL 机床有限公司 2×20 年 10 月发生如下固定资产购置相关交易事项：

（1）1 日，购入不需要安装的机器设备，价款 500000 元，增值税 65000 元，发生运费等各项费用 10000 元，增值税税额 900 元，均以存款支付；

（2）3 日，购入需要安装的机器设备，价款 100000 元，增值税 13000 元，款未付；

（3）6 日，以存款支付上述设备的安装费，价款 1000 元，增值税 90 元；

（4）8 日，设备安装领用原材料 2000 元；

（5）9 日，上述设备安装完毕，交付使用。

要求：进行上述固定资产购置业务会计处理。

（二）材料采购业务

HL 机床有限公司 2×20 年 10 月发生如下材料采购相关交易事项：

（1）5 日，从 B 公司采购一批甲材料 40000 元，增值税 5200 元；发生运费 500 元，增值税税额 45 元，款项均通过存款支付，材料尚未入库；

（2）6 日，现金支付采购人员差旅费 500 元；

（3）8 日，上述甲材料到达企业，验收入库；

（4）10 日，企业购买乙、丙材料各 120 千克和 80 千克，买价分别为 10000 元和 14000 元，增值税率 13%，并以银行存款支付甲、乙材料共同承担运输途中的运费 7000 元和保险费 3000 元，按材料重量比例分配记入材料采购成本，材料已入库；

（5）15 日，从 QH 公司购入乙材料并收到对方开具的增值税专用发票。上列乙材料 8000 千克，单价 55 元，价款 450000 元，增值税税额 58500 元。QH 公司代垫运费并收到转来的运费增值税专用发票，上列价款 30000 元，增值税税额 2700 元。材料已经验收入库，货款及运费签发一张金额为 541200 元、付款期限为 6 个月的商业承兑汇票。

要求：进行 HL 机床有限公司上述材料采购业务会计处理。

项目三　生产过程经济业务核算

一、单项选择题

（1）下列费用中，不构成产品成本，而应直接计入当期损益的是（　　）。
A. 期间费用　　B. 直接材料费
C. 制造费用　　D. 直接人工费

（2）产品生产车间发生的设备维修费，一般应记入（　　）账户。
A. 制造费用　　B. 生产成本
C. 管理费用　　D. 主营业务成本

（3）企业计提本月车间管理人员工资，应计入（　　）账户。
A. 生产成本　B. 财务费用　C. 管理费用　D. 制造费用

（4）企业生产发生的间接费用应先在“制造费用”科目归集，期末再按一定的标准和方法分配记入（　　）科目。
A. 管理费用　B. 生产成本　C. 本年利润　D. 库存商品

（5）下列各项期末无余额的有（　　）。
A. 制造费用　B. 生产成本　C. 库存商品　D. 原材料

（6）企业领用原材料业务，下列科目不可能出现（　　）。
A. 管理费用　B. 生产成本　C. 制造费用　D. 库存商品

（7）生产成本账户期末（　　）。
A. 无余额
B. 有余额，在贷方，表示本期投入的生产成本总额
C. 有余额，在借方，表示期末在产品的成本
D. 有余额，在借方表示投入的生产成本总额

（8）下列各项属于成本类账户的有（　　）。
A. 管理费用　　B. 生产成本
C. 主营业务成本　　D. 库存商品

二、多项选择题

（1）企业分配发生的职工薪酬，借记的账户可以是（　　）。
A. 生产成本　B. 银行存款　C. 管理费用　D. 制造费用

（2）下列各项，应计入产品成本的有（　　）。
A. 生产工人工资及福利费　　B. 车间管理人员工资及福利费
C. 企业管理人员工资及福利费　　D. 销售人员的工资及福利费

（3）下列各项通过制造费用核算的有（　　）。

A. 车间办公费　　B. 车间设备修理费

C. 生产工人工资　　D. 车间设备折旧费

（4）产品成本项目一般包括（　　）。

A. 直接材料　　B. 直接人工　　C. 制造费用　　D. 管理费用

（5）下列各项属于产品成本核算过程中可能涉及到的账户有（　　）。

A. 生产成本　　B. 制造费用

C. 应付职工薪酬　　D. 库存商品

（6）下列各项关于“制造费用”的说法正确的有（　　）。

A. 借方登记实际发生的各项制造费用

B. 期末借方余额表示在产品成本

C. 期末分配转入“库存商品”后无余额

D. 期末分配转入“生产成本”后无余额

三、判断题

（1）制造业企业的生产费用，随着生产产品完工就转变为产品制造成本。（　　）

（2）车间固定资产修理所发生的所有修理费，均应计入“制造费用”账户。（　　）

（3）车间消耗的原材料应间接计入产品成本。（　　）

（4）制造费用与销售费用一样，都属于损益类账户。（　　）

（5）产品完工入库，应借记“库存商品”，贷记“生产成本”。（　　）

四、计算分录题

DH公司主要生产A、B两种产品，2×20年11月份发生下列成本归集分配相关业务：

（1）开出转账支票，支付本月车间办公用品费并取得增值税专用发票，办公费2000元，增值税260元；

（2）本月领用甲材料600000元，其中A产品耗用260000元，B产品耗用290000元，车间一般性消耗材料30000元，行政管理部门耗用12000元，销售部门耗用8000元；

（3）开出转账支票，支付本月水费并取得增值税专用发票，本月水费2100元，增值税189元；

（4）开出转账支票，支付本月电费并取得增值税专用发票，本月电费8000元，增值税1040元；

（5）计提本月工资，本月工资总额380000元。其中，A产品生产工人工资

110000 元，B 产品生产工人工资 150000 元，车间管理人员工资 30000 元，行政管理人员工资 50000 元，销售人员工资 40000 元；

（6）计提本月固定资产折旧，其中生产车间折旧额为 57000 元，行政管理部门折旧额为 13000 元，销售部门折旧额为 10000 元；

（7）月末，按照各车间、部门水、电的耗用量，编制的“水电费用计算分配表”如下表。

水、电费用计算分配表

2×20 年 11 月 30 日　　（元）

车间、部门及用途	水费分配/吨			电费分配/千瓦时			金额合计
	耗用量	单价	金额	耗用量	单价	金额	
车间耗用	400	3.50	1400	7000	0.80	5600	7000
行政管理部门耗用	100	3.50	350	2000	0.80	1600	1950
销售部门耗用	100	3.50	350	1000	0.8	800	1150
合计	600		2100	10000		8000	10100

（8）汇总本月发生的制造费用总额，按生产工人工时（本月生产工时：A 产品 660 小时，B 产品 600 小时）的比例分配并结转制造费用。

（9）月末产品完工入库，其中 A 产品完工成本 280000 元，B 产品完工成本 320000 元。

要求：编制 DH 公司上述成本归集与分配业务会计分录。

项目四　销售过程经济业务核算

一、单项选择题

（1）企业销售商品时代垫的运杂费应记入（　　）账户核算。

A. 应收账款　B. 预付账款　C. 应付账款　D. 销售费用

（2）下列费用不属于销售费用的是（　　）。

A. 企业在销售过程中的运输费

B. 修理费

C. 广告费

D. 销售机构人员职工薪酬

（3）某企业销售产品一批，货款 100000 元，增值税额为 13000 元。银行存款代垫运杂费 3000 元。那么该企业应收账款入账价值是（　　）。

A. 100000　B. 113000　C. 116000　D. 103000

（4）用银行存款支付企业 6 月份广告费 8000 元，该笔广告费应计入企业（　）核算。

A. 管理费用　B. 销售费用　C. 财务费用　D. 制造费用

（5）某公司职工预支差旅费 5000 元，以现金支付。下列会计分录正确的是（　）。

A. 借：其他应收款　5000
　　贷：库存现金　5000

B. 借：应收账款　5000
　　贷：库存现金　5000

C. 借：其他应收款　5000
　　贷：银行存款　5000

D. 借：管理费用　5000
　　贷：库存现金　5000

（6）某公司 3 月份发生如下业务：本月销售商品收入 30 万元，已经收款 15 万元，收回上月欠货款 3 万元，则本年结转至本年利润的主营业务收入金额为（　）万元。

A. 15　B. 33　C. 18　D. 30

（7）某公司为增值税一般纳税人，增值税税率为 13%。本月销售一批材料，价值 5650 元（含税）。该批材料实际成本 3000 元，该企业销售材料应确认的损益为（　）元。

A. 650　B. 2000　C. 2650　D. 5650

（8）企业销售应税消费品计算的应缴纳消费税借方计入（　）核算。

A. 税金及附加　B. 管理费用　C. 应交税费　D. 财务费用

（9）企业缴纳的印花税计入（　）核算。

A. 税金及附加　B. 管理费用　C. 应交税费　D. 财务费用

（10）销售产品由卖方负担的运输、装卸费等应计入（　）核算。

A. 销售费用　B. 管理费用　C. 应收账款　D. 财务费用

二、多项选择题

（1）下列选项中，属于制造业企业的“其他业务收入”的有（　）收入。

A. 出售固定资产　B. 出售材料
C. 出租无形资产　D. 产品销售收入

（2）下列账户中，月末一般无余额的有（　）账户。

A. 生产成本　B. 销售费用　C. 管理费用　D. 财务费用

（3）企业赊销产品形成的应收账款，其入账价值一般应包括（　）。

A. 销售货物或提供劳务的价款　B. 增值税
C. 代垫的运费　D. 垫付的包装费

（4）下列各项中，不应计入管理费用的有（　）。

A. 计提管理人员工资 50 万元　B. 发生业务招待费 20 万元

C. 发生展览费 10 万元　　　　D. 发生违约金 5 万元

（5）下列各项中，应计入管理费用的有（　　）。

A. 企业筹建期间发生的开办费

B. 企业行政管理部门的办公费

C. 企业专设销售机构的业务费

D. 企业支付的年度财务报告审计费

（6）下列各项中，应计入期间费用的有（　　）。

A. 销售商品发生的销售折让　　　　B. 销售商品发生的售后服务费

C. 销售商品发生的商业折扣　　　　D. 委托代销商品支付的手续费

（7）下列各项内容中，应计入其他业务成本的是（　　）。

A. 库存商品盘亏净损失　　　　B. 经营租出固定资产的折旧费

C. 结转已销售材料成本　　　　D. 火灾导致原材料毁损的净损失

三、判断题

（1）企业取得的各种利息收入都属于投资收益，应在"投资收益"账户进行核算。（　　）

（2）销售原材料时，应按照售价抵减原材料成本的差额计入收入。（　　）

（3）固定资产出售收入应计入"其他业务收入"核算。（　　）

（4）采用预收账款销售，在预收货款时确认收入。（　　）

（5）专设销售机构的固定资产折旧应计入"销售费用"核算。（　　）

（6）销售产品收到对方开来的商业汇票应计入"应收票据"核算。（　　）

（7）"税金及附加"属于成本类账户。（　　）

（8）损益类账户期末无余额。（　　）

（9）短期借款的利息支出一般应计入"财务费用"核算。（　　）

（10）离退休人员薪酬应计入"管理费用"核算。（　　）

四、计算分录题

DH 公司主要生产并销售 A、B 两种产品，2×20 年 11 月份发生下列销售相关业务：

（1）1 日，向 JD 公司销售 A 产品，开具的增值税专用发票上注明 A 产品 100 件，单价 4000 元、价款 400000 元、增值税额 52000 元，收到对方签发的转账支票；

（2）3 日，向 LY 公司销售 B 产品，开具的增值税专用发票上注明 B 产品 50 件、单价 3000 元、价款 150000 元、增值税额 19500 元；同时通过银行存款代垫运费 2000 元，已办妥银行托收手续；

(3) 6日，向MC公司销售A产品，开具的增值税专用发票上注明A产品80件，单价4000元、价款320000元、增值税额41600元，收到对方开具的面值为361600元，付款期限2个月的商业承兑汇票一张；

(4) 9日，收到HS公司交来的B产品的预收款100000元，存入银行；

(5) 13日，向HS公司发出B产品并开具的增值税专用发票，注明B产品60件、单价3000元、价款180000元、增值税额23400元；

(6) 16日，收到HS公司汇来的款项103400元，系HS公司交来的B产品销售余款；

(7) 17日，开出转账支票支付戎利公司广告费，取得增值税专用发票，价款20000元，增值税1200元；

(8) 18日，向本市DF公司转让甲材料，开具的增值税专用发票上注明：甲材料100千克，单价50元，价款5000元，增值税额650元，款项存入银行；

(9) 20日，将闲置的设备出租，取得本月租金，开具的增值税专用发票上注明：租金4000元，增值税额520元，款项存入银行，本月该设备折旧成本580元；

(10) 月末计算并结转上述已销A、B产品成本，其中A产品成本410000元，B产品成本220000元；

(11) 计算并结转上述已转让甲材料成本3200元；

(12) 计算并结转本月应纳城市维护建设税2500元和教育费附加1100元；

要求：编制DH公司上述成本归集与分配业务会计分录。

项目五　利润形成与分配经济业务核算

一、单项选择题

(1) 下列费用应计入管理费用的有（　　）。

A. 厂部管理人员的工资　　B. 车间管理人员的工资

C. 厂部房屋的折旧费　　D. 厂部的办公费

(2) 工业企业在经营活动中，需要在“销售费用”账户中核算的有（　　）。

A. 广告费　　B. 展览费

C. 专设销售机构的人员工资　　D. 专设销售机构的房屋租金

(3) 企业因违反环保法而支付的罚款，应计入（　　）。

A. 主营业务成本　　B. 其他业务成本

C. 管理费用　　D. 营业外支出

(4) 下列各项中，不影响企业营业利润的有（　　）。

A. 主营业务收入　　B. 其他业务成本
C. 投资收益　　D. 所得税费用

（5）增值税一般纳税人企业发生的下列税金中，与企业损益计算无关的是（　　）。
A. 增值税　　B. 消费税
C. 所得税　　D. 城市维护建设税

（6）某企业 2×20 年应交的各种税费分别为：增值税 100 万元，消费税 50 万元，城市维护建设税 10 万元，教育费附加 4.5 万元，上述各种税金应计入期间损益的金额为（　　）万。
A. 14.5　　B. 64.5　　C. 114.5　　D. 164.5

（7）下列各项中，不影响企业当期利润总额的有（　　）。
A. 所得税费用　　B. 资产减值损失
C. 主营业务收入　　D. 其他业务成本

（8）对于采用“表结法”的企业，“营业外收入”账户在年内各个月份的月末（　　）。
A. 无余额　　B. 为借方余额
C. 为贷方余额　　D. 为借方余额或贷方余额

（9）对于采用“账结法”的企业，“营业外收入”账户在年内各个月份的月末（　　）。
A. 无余额　　B. 为借方余额
C. 为贷方余额　　D. 为借方余额或贷方余额

（10）“利润分配——未分配利润”科目的借方余额表示（　　）。
A. 本期实现的净利润　　B. 本期发生的净亏损
C. 累计尚未分配的利润　　D. 累计尚未弥补的亏损

（11）经批准，A 企业用盈余公积 200000 元转增资本，正确的会计分录是（　　）。
A. 借：实收资本　200000
　　贷：盈余公积　200000
B. 借：资本公积　200000
　　贷：盈余公积　200000
C. 借：盈余公积　200000
　　贷：资本公积　200000
D. 借：盈余公积　200000
　　贷：实收资本　200000

（12）2×20 年 12 月份某企业损益类账户的余额如下：营业收入（贷方）50000 元，营业成本（借方）20000 元，财务费用（贷方）13000 元，销售费用（借方）4000 元，营业外支出（借方）3000 元，则该企业 3 月份的营业利润为（　　）元。
A. −26000　　B. 36000　　C. 39000　　D. 34000

二、多项选择题

(1) 下列各项，属于“利润分配”明细账的有（　　）。

A. 未分配利润　　B. 盈余公积补亏

C. 应付现金股利　　D. 提取法定盈余公积

(2) 下列各项年末结账后无余额的有（　　）。

A. 主营业务收入　　B. 销售费用

C. 本年利润　　D. 利润分配

(3) 下列关于“本年利润”账户的说法中，正确的有（　　）。

A. 年末该账户余额为贷方，表示累计未分配的利润

B. 贷方登记期末收入利得转入数

C. 年末该账户结转后没有余额

D. 借方登记期末费用损失转入数

(4) 可供分配利润的来源有（　　）。

A. 当年实现的净利润　　B. 年初未分配利润

C. 其他转入　　D. 提取盈余公积

(5) 下列各项中，应计入营业外支出核算的是（　　）。

A. 固定资产减值　　B. 公益性捐赠支出

C. 罚款支出　　D. 债务重组净损失

(6) 下列各项会造成所有者权益总额发生变化的有（　　）。

A. 提取盈余公积　　B. 宣告分派现金股利

C. 实现净利润　　D. 盈余公积转增注册资本

三、判断题

(1) 年度终了，企业应将本年实现的净利润或发生的净亏损，自“本年利润”账户转入“利润分配”账户的贷方。(　　)

(2) 年末结账后，“利润分配”账户的贷方余额表示本年实现的利润总额。(　　)

(3) 企业计算应缴纳的所得税，应借记“所得税费用”，贷记“银行存款”。(　　)

(4) 可供投资者分配的利润与可供分配利润概念是一样的。(　　)

(5) 提取盈余公积会造成企业留存收益减少。(　　)

四、计算分录题

(一) 期间费用、投资收益及营业外收支核算

DH 公司 2×20 年 12 月发生如下期间费用、投资收益及营业外收支业务：

（1）2 日，采购科王×预借差旅费 2000 元，财务以现金付讫；

（2）6 日，王×出差归来报销差旅费 1800 元，余款 200 元，现金交回；

（3）7 日，收到 B 公司违反经济合同的违约金 20800 元，存入银行；

（4）10 日，开出转账支票，支付产品展销费，取得增值税专用发票，价款 5000 元，增值税 300 元；

（5）16 日，收到被投资单位 DC 公司分派的现金股利 26000 元，存入银行；

（6）21 日，开出转账支票，支付市红十字会捐款 50000 元；

（7）月末，计提本月短期借款利息 3200 元。

要求：进行上述业务会计处理。

（二）利润形成及分配业务核算

KL 有限责任公司 2×20 年 12 月当期损益资料如下：

主营业务收入	2000000 元	主营业务成本	1200000 元
其他业务收入	300000 元	其他业务成本	100000 元
投资收益	180000 元	税金及附加	68000 元
资产减值损失	20000 元	管理费用	150000 元
营业外收入	60000 元	销售费用	58000 元
财务费用	5000 元	营业外支出	20000 元

企业所得税税率 25%，按净利润的 10%提取法定盈余公积，应向投资者支付现金股利 350000 元。

要求：（1）计算该公司 12 月份的营业利润、利润额和净利润。

（2）作出该公司损益结转及利润分配的相关账务处理，并计算期末“利润分配——未分配利润”账户的余额。

第五章 会计凭证

一、单项选择题

(1) 原始凭证按照来源不同可以分为（　　）。

A. 一次凭证和累计凭证　　B. 外来原始凭证和自制原始凭证

C. 通用凭证和专用凭证　　D. 累计凭证和汇总凭证

(2) 在采用专用记账凭证的情况下，涉及库存现金和银行存款之间的划转业务，按规定（　　）。

A. 只填收款凭证　　B. 只填付款凭证

C. 既填收款凭证又填付款凭证　　D. 只填转账凭证

(3) 下列属于原始凭证的是（　　）。

A. 购货合同　　B. 生产计划

C. 增值税专用发票　　D. 银行对账单

(4) 购买材料 50000 元，已验收入库，其中 20000 元存款支付，另 30000 元货款暂欠，此笔经济业务应（　　）。

A. 只编制收款凭证　　B. 只编制付款凭证

C. 只编制转账凭证　　D. 编制付款凭证和转账凭证

(5) 在一定时期内连续记载许多同类经济业务的会计凭证，称为（　　）。

A. 原始凭证汇总表　　B. 累计凭证

C. 汇总记账凭证　　D. 复式记账凭证

(6) 企业外购设备一台，款项通过银行已付，根据这笔业务的有关原始凭证，应该填制的记账凭证是（　　）。

A. 收款凭证　　B. 付款凭证　　C. 转账凭证　　D. 累计凭证

(7) 仓库领料的限额领料单属于（　　）。

A. 一次凭证　　B. 累计凭证　　C. 收款凭证　　D. 付款凭证

(8) 仓库收料的收料单属于（　　）。

A. 一次凭证　　B. 累计凭证　　C. 收款凭证　　D. 付款凭证

(9) 会计人员在审核原始凭证时，如外来原始凭证金额出现错误，其正确的处理方法是（　　）。

A. 由接收单位负责人直接更正

B. 由出具单位更正、并在更正处加盖公章

C. 由接收单位审核人员直接更正、并报负责人审批

D. 由出具单位重新开具

(10) 某单位第 30 笔经济业务需涉及 3 张记账凭证，则正确的编号为（　　）。

A. 1-30、2-30、3-30　　B. $30\,{}^{1}/_{3}$、$30\,{}^{2}/_{3}$、$30\,{}^{3}/_{3}$

C. 30-1、30-2、30-3　　D. 1/3、2/3、3/3

(11) 记账凭证按照其填列方式，可以分为（　　）。

A. 收款凭证、付款凭证和转账凭证

B. 借项凭证和贷项凭证

C. 单式凭证和复式凭证

D. 一次凭证、累计凭证和汇总凭证

(12) 某单位购入设备一台，价款 20 万元，签发了一张 20 万的商业汇票。对这一经济业务，单位应编制的记账凭证为（　　）。

A. 编制一张转账凭证

B. 编制一张收款凭证

C. 编制一张付款凭证

D. 编制一张转账凭证和一张付款凭证

(13) 某公司出纳将公司现金交存银行，应编制（　　）。

A. 现金收款凭证　　B. 现金付款凭证

C. 银行存款收款凭证　　D. 银行存款付款凭证

(14) 哪项不属于记账凭证审核的内容（　　）。

A. 真实性审核　B. 及时性审核　C. 技术性审核　D. 完整性审核

(15) 会计人员对原始凭证审核后的处理不正确的是（　　）。

A. 对于完全符合要求的原始凭证，应当及时编制记账凭证入账

B. 对于不真实、不合法的原始凭证，会计机构和会计人员有权不予接受，但不一定要向单位负责人报告

C. 对于真实、合法、合理，但内容不够完整、填写有错误的原始凭证，应退回给有关经办人员

D. 对于不真实、不合法的原始凭证，会计机构和会计人员有权不予接受，并向单位负责人报告

(16) 下列不属于原始凭证基本内容的是（　　）。

A. 填制凭证单位名称　　B. 数量、单价和金额

C. 接受凭证单位名称　　D. 附件张数

(17) 下列关于记账凭证填制的基本要求，不正确的是（　　）。

A. 记账凭证各项内容必须完整，并且应当连续编号
B. 记账凭证填制时如发生错误，应重新填制
C. 记账凭证填制完经济业务事项后，如有空行，应当自金额栏最后一笔金额数字下的空行处至合计数上的空行处划线注销
D. 所有的记账凭证都必须附原始凭证

（18）会计档案在会计年度终了后，可暂由会计机构保管（　　）年。
A. 1 年　B. 2 年　C. 3 年　D. 5 年

（19）是记录经济业务发生或者完成情况的书面证明，也是登记账簿的依据的是（　　）。
A. 原始凭证　B. 记账凭证　C. 会计凭证　D. 会计账簿

（20）下列选项中，属于外来原始凭证的是（　　）。
A. 领料单
B. 收料单
C. 购买材料取得的增值税专用发票
D. 折旧计算表

二、多项选择题

（1）会计凭证按照编制的程序和用途不同，可分为（　　）。
A. 记账凭证　B. 原始凭证　C. 汇总凭证　D. 累计凭证

（2）下列各项属于原始凭证必须具备的内容的有（　　）。
A. 交易或事项的数量、单价和金额
B. 接受凭证单位的名称
C. 经办人员的签名或者盖章
D. 凭证名称和填制日期

（3）原始凭证的填制，除了记录真实、内容完整、手续完备等基本要求外，还要求做到（　　）。
A. 书写清楚规范　B. 填制及时
C. 编号连续　D. 不得涂改、刮擦、挖补

（4）记账凭证填制的依据有（　　）。
A. 同一日期的所有原始凭证汇总
B. 原始凭证汇总表
C. 若干张同一类别的原始凭证汇总
D. 每一张原始凭证

（5）下列各项可以不附原始凭证的记账凭证有（　　）。
A. 一张原始凭证涉及到几张记账凭证时

B. 更正错误的记账凭证

C. 一张原始凭证需要有多个单位共同使用时

D. 期末结账的记账凭证

（6）下列属于记账凭证的基本要素的有（　　）。

A. 记账凭证的名称、日期、编号及经济业务摘要

B. 经济业务涉及的会计科目、记账方向及金额

C. 原始凭证附件张数

D. 会计机构负责人签章

（7）原始凭证按格式不同可分为（　　）。

A. 通用凭证　　B. 专用凭证　　C. 一次凭证　　D. 累计凭证

（8）付款凭证左上方的“贷方科目”可以填写的有（　　）。

A. 库存现金　　B. 生产成本　　C. 银行存款　　D. 固定资产

（9）A 公司向 B 公司购买材料一批。A 公司在付款时发现，发票的正确金额应该是 32000 元，B 公司却误填为 23000 元。下列做法不正确的有（　　）。

A. 由 B 公司更正，并在更正处加盖 B 公司印章

B. 由 A 公司更正，并在更正处加盖 A 公司印章

C. 由 B 公司重新开具发票

D. 由 A 公司更正，并加盖 B 公司印章

三、判断题

（1）收款凭证又分为现金收款凭证和银行存款收款凭证，应分别根据现金或银行存款收入的原始凭证填制。（　　）

（2）正确填制和审核会计凭证，是会计核算的基本方法之一，也是会计核算工作的起点和基本环节。（　　）

（3）所有的记账凭证都必须附有相关的原始凭证。（　　）

（4）从外单位取得的原始凭证遗失时，应取得原签发单位盖有公章的证明，并注明原始凭证的号码、金额、内容等，由经办单位负责人批准后，才能代作原始凭证。（　　）

（5）其他单位因特殊原因需要使用本单位的原始凭证，可以将外借的会计凭证拆封抽出。（　　）

（6）会计人员对不真实、不合法的原始凭证，应予退回，要求更正、补充。（　　）

（7）填制记账凭证时若发生错误，可以更正，并在更正处加盖更正人员的印章。（　　）

（8）记账凭证是登记账簿的直接依据。（ ）

（9）单位购入材料30000元，货款以银行存款支付20000元，其余10000元暂欠，该笔业务应编制一张转账凭证。（ ）

（10）会计凭证不得任意销毁。（ ）

第六章　会计账簿

一、单项选择题

（1）账簿按用途分类时，财务费用明细账属于（　　）。

A. 序时账簿　　B. 分类账簿　　C. 备查账簿　　D. 订本账簿

（2）适合登记库存商品明细账的账簿是（　　）。

A. 两栏式账簿　　B. 三栏式账簿

C. 多栏式账簿　　D. 数量金额式账簿

（3）成本费用类明细账一般采用的账簿格式是（　　）。

A. 两栏式账簿　　B. 三栏式账簿

C. 多栏式账簿　　D. 数量金额式账簿

（4）按照经济业务发生时间的先后顺序逐日、逐笔序时登记的账簿是（　　）。

A. 序时账簿　　B. 分类账簿　　C. 备查账簿　　D. 订本账簿

（5）下列会计账簿中，可以跨年度连续使用的是（　　）。

A. 总账　　B. 日记账

C. 固定资产卡片账　　D. 费用明细账

（6）在登记账簿时，账页登记完毕结转下页时，正确的做法是（　　）。

A. 计算本页的发生额合计数

B. 计算本页的余额

C. 计算本页的发生额合计数和余额，同时在摘要栏注明“过次页”字样

D. 不计算本页的合计数和余额，但应在摘要栏注明“过次页”字样

（7）下列账簿中，可以采用卡片式账簿的是（　　）。

A. 库存现金日记账　　B. 固定资产总分类账

C. 应收账款明细账　　D. 固定资产明细账

（8）记账人员根据记账凭证登记完毕账簿后，要在记账凭证上打上记账符号“√”，表示已经过账，这么做主要是为了（　　）。

A. 避免重记或漏记　　B. 避免错行或隔页

C. 明确记账责任　　D. 防止凭证丢失

(9) 记账后发现记账凭证填写的会计科目无误，只是所登记的金额大于应记金额，应采用的错账更正方法为（　　）。

A. 直接涂改　　B. 划线更正法

C. 红字更正法　　D. 补充登记法

(10) 某企业收回应收账款 8000 元，在填制记账凭证时，误将金额记为 800 元，并已登记入账，上述错误在采用补充登记法更正时应编制的会计分录为（　　）。

A. 借：银行存款　7200
　　贷：应收账款　7200

B. 借：应收账款　7200
　　贷：银行存款　7200

C. 借：应收账款　800
　　贷：银行存款　800

D. 借：银行存款　800
　　贷：应收账款　800

(11) 下列各项属于账账核对的是（　　）。

A. 总分类账户余额与会计凭证的核对

B. 各种账簿记录与各种汇总表的核对

C. 库存现金日记账账面余额与实存现金数额的核对

D. 财务部门的各种财产物资明细分类账期末余额与财产物资保管和使用部门的财产物资明细账结存数的核对

(12) 某企业用转账支票归还欠乙公司的货款 50 万元，会计人员编制的会计凭证为：借记应收账款，贷记银行存款，审核并已经登记入账，该记账凭证（　　）。

A. 没有错误　　B. 有错误，使用划线更正法更正

C. 有错误，使用红字更正法更正　　D. 有错误，使用补充登记法更正

(13) 下列各项一般不需要采用订本式账簿的是（　　）。

A. 总分类账　　B. 现金日记账

C. 银行存款日记账　　D. 明细分类账

(14) 甲公司应收账款总分类账户期初余额为 12000 元，明细账分别为：A、B 两个企业。其中：A 企业借方 7000 元，本期又向 B 企业赊销一批商品，货款 5000 元，款未收。则 B 企业应收款的期末余额为（　　）元。

A. 借方 5000　　B. 贷方 5000　　C. 借方 10000　　D. 贷方 10000

(15) 登记账簿时，下列做法错误的是（　　）。

A. 书写时文字和数字应紧贴行格底线，只占格距的三分之二

B. 不能使用铅笔或圆珠笔记账

C. 使用红字冲销记录错误

D. 在发生的空白页面上注明“此页空白”

二、多项选择题

（1）会计账簿按用途不同，可分为（　　）。

A. 序时账簿　B. 分类账簿　C. 备查账簿　D. 订本账簿

（2）账页的主要内容应当包括（　　）。

A. 账户名称　B. 登记账簿的日期栏

C. 记账凭证的种类和号数栏　D. 摘要栏和金额栏

（3）登记库存现金日记账的依据有（　　）。

A. 现金付款凭证　B. 现金收款凭证

C. 银行存款付款凭证　D. 银行存款收款凭证

（4）下列账簿中，通常应采用三栏式账页格式的有（　　）。

A. 现金日记账　B. 银行存款日记账

C. 总分类账　D. 生产成本明细账

（5）下列账簿应每年更换一次的是（　　）。

A. 总账　B. 日记账　C. 明细账　D. 备查账簿

（6）下列对账项目中，属于账实核对的有（　　）。

A. 会计账簿记录与会计凭证核对

B. 债权债务明细账与对方单位账簿记录核对

C. 总分类账与所属明细分类账簿核对

D. 银行存款日记账与银行对账单核对

（7）下列属于总分类账户与明细分类账户的平行登记要点的有（　　）。

A. 依据相同　B. 方向相同　C. 金额相等　D. 账簿相同

（8）下列各项属于明细账登记依据的有（　　）。

A. 原始凭证　B. 记账凭证

C. 原始凭证汇总表　D. 总账

（9）下列情况中，可以用红色墨水记账的有（　　）。

A. 按照红字冲账的记账凭证，冲销错误记录

B. 在不设借贷等栏的多栏式账页中，登记减少数

C. 在三栏式账簿的余额栏前，如未印明余额方向的，在余额栏内登记负数余额

D. 根据国家统一会计制度的规定可以用红字登记的其他会计记录

（10）对账工作的主要内容包括（　　）。

A. 账证核对　B. 账账核对　C. 账实核对　D. 账表核对

（11）应用红字更正法进行错账更正的错账类型有（　　）。

A. 凭证全部正确但过账发生笔误

B. 凭证中会计科目用错并已过账

C. 凭证中会计科目用错但并未过账

D. 凭证中所记金额大于应记金额并已过账

三、判断题

（1）对于不需按月结计本期发生额的账户，月末结账时，需要在最后一笔经济业务事项记录之下通栏划单红线，并结计余额。（　）

（2）银行存款日记账每月结账时，要同时结出本月发生额和余额。（　）

（3）年终结账时，本年合计数下要划通栏双红线。（　）

（4）会计账簿是指由一定格式账页组成的，以经过审核的会计凭证为依据，全面、系统、连续地记录各项经济业务的簿籍。（　）

（5）对于明细账的核算，除用货币计量反映经济业务外，必要时还需要用实物计量或劳动计量单位从数量和时间上进行反映，以满足经营管理的需要。（　）

（6）一级科目对所属的明细分类科目起统驭作用。（　）

（7）总分类账和明细分类账一般应采用三栏式账页。（　）

（8）日记账通常采用订本式账页。（　）

（9）如果记账凭证中所记金额小于应记金额并已登记入账簿，可采用补充登记法进行错账更正。（　）

（10）原材料明细账通常采用多栏式明细账。（　）

第七章　财产清查

一、单项选择题

(1) 下列情况下，企业不需对其财产进行全面清查的是（　　）。

A. 更换仓库保管员　　B. 企业进行股份制改制前
C. 年终决算前　　D. 企业破产清算

(2) 按清查时间划分，单位对库存现金每日盘点所进行的清查属于（　　）。

A. 全面清查　　B. 局部清查　　C. 定期清查　　D. 不定期清查

(3) 按清查时间划分，单位发生撤销、合并、重组等事项时所进行的清查属于（　　）。

A. 定期清查　　B. 不定期清查　　C. 全面清查　　D. 局部清查

(4) 企业在编制年度财务会计报告进行的财产清查，一般应进行（　　）。

A. 重点清查　　B. 全面清查　　C. 局部清查　　D. 抽样清查

(5) 现金处理中，发现现金短缺200元，研究决定由出纳赔偿150元，其余由企业核销，则批准处理后的会计分录为（　　）。

A. 借：库存现金　200
　　贷：待处理财产损溢　200

B. 借：待处理财产损溢　200
　　贷：库存现金　200

C. 借：其他应收款　150
　　营业外支出　50
　　贷：待处理财产损溢　200

D. 借：其他应收款　150
　　管理费用　50
　　贷：待处理财产损溢　200

(6) 库存现金的清查应采用的方法是（　　）。

A. 对账单法　　B. 技术分析法　　C. 查询核实法　　D. 实地盘点法

(7) 银行存款的清查应采用的方法是（　　）。

A. 对账单法　　B. 技术分析法　　C. 查询核实法　　D. 实地盘点法

(8) 盘盈存货报批核销，做（　　）处理。

A. 其他业务收入　　B. 营业外收入
C. 冲减管理费用　　D. 冲减营业外支出

(9) 盘盈现金报批核销，做（　　）处理。

A. 其他业务收入　　B. 营业外收入

C. 冲减管理费用　　D. 冲减营业外支出

(10) 盘亏存货报批后如属于管理不善造成的净损失，做（　　）处理。

A. 其他业务成本　　B. 营业外支出

C. 管理费用　　D. 资产处置损益

(11) 盘亏存货报批后如属于自然灾害造成的净损失，做（　　）处理。

A. 其他业务成本　　B. 营业外支出

C. 管理费用　　D. 资产处置损益

(12) M企业2×20年12月31日银行存款日记账余额为500000元，银行对账单余额为600000元，经逐笔核对，存在以下未达账项：(1) 公司于月末开出转账支票20000元，企业已记账，银行未记账；(2) 银行代企业收回800000元，银行已入账，企业未收到收账通知，尚未入账。根据资料，2×20年底M企业可动用的银行存款为（　　）元。

A. 500000　　B. 600000　　C. 580000　　D. 620000

(13) 技术推算法主要适用于（　　）。

A. 往来债权　　B. 固定资产

C. 大量成堆难以逐一清点的存货　　D. 贵重物资的清查

(14) "库存现金盘点报告表" 应由（　　）同时签章方能生效。

A. 参加盘点的人员和实物保管人员

B. 参加盘点的人员和出纳人员

C. 参加盘点的人员和会计人员

D. 参加盘点的人员和财产清查负责人

(15) 企业收到并已入账的销货款，但银行尚未入账，由此形成的未达账项，企业会计人员在编制 "银行存款余额调节表" 时，应将（　　）。

A. 银行对账单余额调增

B. 银行对账单余额调减

C. 企业银行存款日记账余额调增

D. 企业银行存款日记账余额调减

二、多项选择题

(1) 下列情况下，适合采用局部清查的方法进行财产清查的是（　　）。

A. 更换出纳　　B. 存货的期末盘点

C. 企业开展年终决算前　　D. 银行存款的清查

(2) 造成账实不符的原因主要有（　　）。

A. 会计账簿发生漏记、重记　　B. 财产物资发生自然损耗

C. 收发计量差错　　D. 会计账簿发生错记

（3）关于存货清查的处理，下列说法正确的有（ ）。

A. 盘盈的存货应冲减当期的管理费用

B. 属于自然损耗造成的定额内损耗，应计入管理费用

C. 保险公司赔偿的损失部分，计入其他应收款

D. 一般经营损失，计入营业外支出

（4）一般而言，在以下情况中，需要进行财产全面清查的有（ ）。

A. 单位主要负责人调离工作　　B. 单位撤销、分立

C. 单位改变隶属关系　　D. 开展清产核资

（5）下列未达账项中，会使本企业“银行存款日记账账面余额”大于银行对账单的有（ ）。

A. 企业已收、银行未收款　　B. 银行已收、企业未收款

C. 银行已付、企业未付款　　D. 企业已付、银行未付款

（6）某企业在财产清查中，发现短缺设备一台，账面原值 50000 元，已计提折旧 20000 元，在报经批准前企业应作会计分录的借方登记内容为（ ）。

A. “待处理财产损溢”30000 元　　B. “营业外支出”30000 元

C. “累计折旧”20000 元　　D. “固定资产”50000 元

（7）盘亏的原材料经批准后处理，借方可能计入的账户有（ ）。

A. 待处理财产损溢　　B. 管理费用

C. 其他应收款　　D. 营业外支出

（8）财产清查按照清查的时间可分为（ ）。

A. 全面清查　　B. 局部清查　　C. 定期清查　　D. 不定期清查

（9）下列各项需通过“待处理财产损溢”账户进行核算的有（ ）。

A. 库存现金的盘盈　　B. 固定资产盘盈

C. 存货的盘亏　　D. 银行存款清查

（10）下列各项，既属于不定期清查，又属于局部清查的有（ ）。

A. 更换存货仓管员时的清查　　B. 更换出纳时的清查

C. 企业破产清算时　　D. 企业更换主要负责人时的清查

三、判断题

（1）银行存款余额调节表是原始凭证，应据以调整企业银行存款的账簿记录。（ ）

（2）如果企业银行存款日记账余额与银行对账单余额相等，则说明不存在未达账项。（ ）

（3）财产清查是会计核算的一种专门方法。（ ）

（4）企业库存现金清查中，发现现金盘亏 100 元，如无法查明原因，应计入营业外支出核算。（　　）

（5）“现金盘点报告表”是原始凭证，应据以入账。（　　）

（6）存货清查应采用实物盘点法进行。（　　）

（7）应收账款的清查应该采用向有关单位发函询证核对账目的方法。（　　）

（8）固定资产的盘盈盘亏均需通过“待处理财产损溢”账户核算。（　　）

四、计算分录题

（一）银行存款余额调节表编制

（1）资料：DH 公司 2×20 年 7 月 31 日银行存款日记账余额为 875000 元，开户银行转来的对账单余额为 921800 元。经逐笔核对，发现有以下未达账项：1）30 日，银行代收销货款 98000 元，银行已收妥入账，企业未接到银行收款通知；2）30 日，银行代企业支付电话费 4800 元已登记入账，企业未接到付款通知；3）31 日，企业收到转账支票一张，金额为 50000 元，系销货款，企业已入账，但尚未送存银行；4）31 日，企业开出转账支票一张，金额 3600 元支付办公费，持票人尚未送存银行。

（2）要求：根据上述未达账项，编制银行存款余额调节表。

银行存款余额调节表

2×20 年 7 月 31 日　　　　（元）

项　目	金额	项　目	金额
企业银行存款日记账余额		银行对账单余额	
加：银行已收企业未收款项		加：企业已收银行未收款项	
减：银行已付企业未付款项		减：企业已付银行未付款项	
调节后的银行存款余额		调节后的银行存款余额	

（二）财产清查账务处理

DH 公司 2×20 年 6 月与财产清查有关业务如下：

（1）盘点库存现金，发现短缺现金 120 元，填写“库存现金盘点报告表”；

（2）经领导批准，上述盘亏的库存现金应由出纳员赔偿 50 元，其余由企业承担；

（3）月末盘点财产物资，发现甲材料盘盈 2 千克，金额 600 元，乙材料盘亏 5 千克，金额 1000 元，填写“账存实存对比表”；

（4）经查明，盘盈的甲材料属于收发计量差错导致，盘亏的乙材料属于管理不善造成的，经批准有仓管员承担200元，其余由企业核销（假定不考虑相关税费）；

（5）盘点固定资产，发现盘亏设备一台，原价5000元，累计折旧2000元；

（6）上述盘亏的设备，经查系自然灾害造成，按规定应向保险公司索赔2000元，尚未收到款项，其余由企业核销处理。

要求：进行DH公司上述业务会计处理。

第八章　财务报告

一、单项选择题

（1）反映企业财务状况的会计报表的是（　　）。

A. 资产负债表　　B. 利润表

C. 现金流量表　　D. 会计报表附注

（2）反映企业经营成果的会计报表的是（　　）。

A. 资产负债表　　B. 利润表

C. 现金流量表　　D. 会计报表附注

（3）我国企业采用的资产负债表格式是（　　）。

A. 账户式　　B. 报告式　　C. 单步式　　D. 多步式

（4）编制利润表主要是根据（　　）。

A. 资产、负债及所有者权益各账户的本期发生额

B. 资产、负债及所有者权益各账户的期末余额

C. 损益类各账户的本期发生额

D. 损益类各账户的期末余额

（5）按照规定，企业的年度财务会计报告一般应于（　　）报出。

A. 年度终了后　　B. 年度终了后 1 个月内

C. 年份终了后 3 个月内　　D. 年度终了后 4 个月内

（6）编制资产负债表的理论依据是（　　）。

A. 资产=负债+所有者权益

B. 所有账户本期借方发生额合计=所有账户本期贷方发生额合计

C. 利润=收入-费用

D. 资产-负债=利润

（7）资产负债表中所有者权益的排列顺序是（　　）。

A. 未分配利润-盈余公积-资本公积-实收资本

B. 实收资本-资本公积-盈余公积-未分配利润

C. 实收资本-盈余公积-实收资本-未分配利润

D. 资本公积-盈余公积-未分配利润-实收资本

（8）M 企业期末“应收账款”账户为借方余额 40 万元，其所属明细账户的

借方余额合计为48万元，所属明细账户贷方余额合计为8万元；“预收账款”账户为贷方余额10万元，其所属明细账户的贷方余额合计为15万元，所属明细账户借方余额合计为5万元，“坏账准备”账户为贷方余额1万元，全部针对应收账款计提，则该企业资产负债表中“应收账款”账目的期末数为（　　）万元。

A. 50　　B. 49　　C. 52　　D. 22

(9) 下列项目中属于非流动负债项目的是（　　）。

A. 应付账款　　B. 长期借款

C. 应交税费　　D. 应付职工薪酬

(10) 资产负债表中资产的排列顺序是按（　　）。

A. 项目收益性　　B. 项目重要性　　C. 项目流动性　　D. 项目时间性

(11) 编制利润表所依据的会计等式是（　　）。

A. 收入-费用=利润

B. 资产=负债+所有者权益

C. 借方发生额=贷方发生额

D. 期初余额+本期借方发生额-本期贷方发生额=期末余额

(12) 下列项目中不属于流动资产的是（　　）。

A. 货币资金　　B. 应收账款　　C. 预付账款　　D. 累计折旧

(13) 多步式利润表中的利润总额是以（　　）为起点来计算的。

A. 营业收入　　B. 营业成本　　C. 投资收益　　D. 营业利润

(14) 下列各项，在编制资产负债表时，需要根据有关总账与明细账户的期末余额分析计算填列的项目是（　　）。

A. 货币资金　　B. 固定资产　　C. 长期借款　　D. 应收账款

(15) 资产负债表的资产项目通常按照（　　）的顺序排列。

A. 货币资金、应收账款、长期股权投资、存货、固定资产

B. 货币资金、应收账款、存货、长期股权投资、固定资产

C. 应收账款、货币资金、长期股权投资、存货、固定资产

D. 应收账款、货币资金、存货、固定资产、长期股权投资

二、多项选择题

(1) 填制资产负债表“存货”时应考虑的项目有（　　）。

A. 原材料　　B. 生产成本　　C. 工程物资　　D. 在途物资

(2) 财务报告至少应当包括下列组成部分（　　）。

A. 资产负债表　　B. 现金流量表

C. 利润表　　D. 财务报表附注

（3）下列各项需要根据总账账户期末余额直接填列的资产负债表项目有（　　）。

A. 交易性金融资产　　B. 实收资本

C. 其他应收款　　D. 货币资金

（4）下列属于中期财务会计报告的有（　　）。

A. 月报　　B. 季度报　　C. 半年报　　D. 年报

（5）编制财务会计报告的基本要求有（　　）。

A. 内容完整　　B. 数字真实　　C. 计算准确　　D. 及时性

（6）新《企业会计准则》规定，中期财务会计报告至少应当包括（　　）。

A. 资产负债表　　B. 利润表　　C. 现金流量表　　D. 附注

（7）资产负债表中“货币资金”项目，应根据哪些账户的期末余额合计填列（　　）。

A. 库存现金　　B. 银行存款

C. 其他应收款　　D. 其他货币资金

（8）下列各项会影响利润总额计算的项目有（　　）。

A. 所得税费用　　B. 营业外收入

C. 销售费用　　D. 主营业务收入

三、计算分析题

（一）资产负债表项目计算

（1）资料：DH 公司 2×20 年 12 月 31 日有关账户总账及明细账金额如下表所示：

DH 公司部分总账及明细分类账户余额表

2×20 年 12 月 31 日　　（元）

总账账户	明细账户	借方	贷方	总账账户	明细账户	借方	贷方
库存现金		5000		原材料		250000	
银行存款		280000		在途物资		120000	
其他货币资金		100000		周转材料		10000	
应收账款		700000		存货跌价准备			3000
	A 公司	720000		应付账款			530000
	B 公司		50000		M 公司		500000
	C 公司	30000			N 公司	30000	
预付账款		58500					
	甲公司	60000		预收账款			75000
	乙公司		1500		丙公司		90000
其他应收款		20000			丁公司	15000	
应收利息		10000					
应收股利		30000					

（2）要求：根据以上资料，计算该公司2×20年12月31日资产负债表中货币资金、应收账款、预付款项；存货；其他应收款；应付账款；预收款项各项目的金额。

（二）利润表项目指标计算

CX公司为增值税一般纳税企业，主要生产和销售甲产品，适用增值税率13%，所得税税率25%，城建税教育费附加略。该公司2×20年12月发生以下业务：

（1）销售甲产品一批，该批产品的成本18万元，开具增值税专用发票注明销售价格40万元，增值税5.2万元，产品已经发出，提货单已交给买方。款项尚未收到；

（2）计算本月职工工资50万元，其中生产工人工资34万元，车间管理人员工资6万元，企业管理人员工资10万元；

（3）本月出租一台设备，取得租金收入5万元；

（4）销售多余的原材料，该批材料的成本2万元，开具增值税专用发票注明销售价格5万元，增值税0.65万元，款项存入银行；

（5）计提本月固定资产折旧3万元，其中计入制造费用的固定资产折旧2万元，计入管理费用的折旧0.6万元，出租设备的折旧0.4万元；

（6）用银行存款支付销售产品的运费1万元；

（7）计提本月短期借款利息0.4万元；

（8）收到合同违约金收入2万元。

要求：

（1）进行上述业务会计处理；

（2）计算CX公司2×20年12月利润表的下列报表项目金额为：

营业收入（　　）元；　　　营业成本（　　）元；

营业利润（　　）元；　　　利润总额（　　）元；

所得税费用（　　）元；　　净利润（　　）元。

